圆梦北大

筑梦之旅

北京大学招生办公室　组织编写

黄宗英　主编

北京大学出版社
PEKING UNIVERSITY PRESS

图书在版编目（CIP）数据

圆梦北大：筑梦之旅/黄宗英主编. —北京：北京大学出版社，2023.8
（梦想北大丛书）
ISBN 978-7-301-34339-5

Ⅰ.①圆… Ⅱ.①黄… Ⅲ.①大学生－入学教育 Ⅳ.①G632.46②G645.5

中国国家版本馆CIP数据核字（2023）第160632号

书　　　名	圆梦北大：筑梦之旅	
	YUANMENG BEIDA：ZHUMENG ZHI LÜ	
著作责任者	黄宗英　主编	
责 任 编 辑	桂　春　张劲明	
标 准 书 号	ISBN 978-7-301-34339-5	
出 版 发 行	北京大学出版社	
地　　　址	北京市海淀区成府路205号　100871	
网　　　址	http://www.pup.cn　新浪微博:@北京大学出版社	
电 子 邮 箱	编辑部 zyjy@pup.cn　总编室 zpup@pup.cn	
电　　　话	邮购部010-62752015　发行部010-62750672	
	编辑部010-62754934	
印 刷 者	三河市北燕印装有限公司	
经 销 者	新华书店	
	650毫米×980毫米　16开本　14.25印张　198千字	
	2023年8月第1版　2023年8月第1次印刷	
定　　　价	58.00元	

编　委　会

序　言

大学是人类文明的灯塔。1898年，北京大学的前身——京师大学堂成立于救国图存的变革中，标志着中国现代大学制度的诞生；一百多年前，北京大学成为新文化运动与五四运动的中心与策源地。从此，北大就与国家和民族的命运紧密相连。正如美国哈佛大学教授杜维明先生所说："作为文化中国的象征，其实北京大学早已成为了世界一流大学。因为世界上再也找不到任何一个国家的任何一所大学，能够像北京大学这样和国家、民族的命运结合得如此紧密，息息相关。北大对于中国的意义远远超过了哈佛之于美国、牛津与剑桥之于英国的意义。"一代代北大人不忘初心，牢记使命，用思想和行动投身于国家发展、民族复兴、社会进步的历史伟业。

一时有一时的趋向，一校有一校的风尚。无论时空如何变迁，对于一所大学而言，精神、文化和人格所构成的学校传统都是不变的。北大是极广大的，她开放包容，连接着民族的过去和未来，沟通着中国与世界，展现出海纳百川的气度。每个在此学习的青年都能找到适合自己发展的方向和路径，开辟出崭新的人生境界，书写出属于自己的北大传奇。建校一百多年来，北大在国家的独立和解放、民族的振兴和发展、科学技术的进步以及思想文化的创新中所起到的先锋和引领作用，使她的象征意义远远超出了一所为社会培养人才的高等学府，更作为中国知识分子的精神家园而独具一种让人魂牵梦萦的魅力。这种魅力每年吸引着全国高考选拔中脱颖而出的佼佼者，他们胸怀梦想，筑梦燕园，通过奋力拼搏，最终梦圆北大。

"梦想北大丛书"始于2008年，它收录的所有文章正是由这些即将踏入燕园寻梦的优秀高中毕业生及他们的家长所写。这些文章或畅谈自己的"筑梦之旅"，体现了莘莘学子对北大的热烈向往和不懈追求；或介绍自己独特的学习习惯和学习方法，展现自己的"超强学习力"；或介绍中学各个学科的学习思路、备考技巧、提分策略等，轻松实现学科进阶；或由这些学生的父母介绍自己倾情陪伴、身教言传的教养经验——孩子考上名校并非偶然，有心的父母才能教育出优秀的孩子。孩子们在文章中述说青春人生的积极感悟，求学道路上的种种艰辛。他们感恩父母，感恩老师，感恩眼前蓬勃的生活，感恩脚下丰厚的热土。这些文章稚嫩中饱含着真情，平实处又不乏精彩。家长们则在文章中尽情地传授各种成功的家教秘籍。

北大是筑梦之地，她能激发你的潜能，启发你的天赋，把你推向梦想实现的命运高峰。但大学对人的塑造绝不仅仅在于知识的传授，更在于文化的传承和精神的传递。北大不仅拥有顶尖的师资、众多一流的学科和美丽的校园，更拥有兼容并包、自由多元的校园文化氛围，她有能力为你的人格完善和个性发展提供最广阔的空间，帮助你成为一个有责任、有灵魂、有智识、有品格的人。

百余年来，北大历经风雨，但"爱国、进步、民主、科学"的传统从未因时光的磨砺而褪色。来到北大，每个人都会感到肩上多了一份沉甸甸的担子，那就是民族的振兴与国家的昌盛。在这里，民主与科学作为不熄的火炬，引领着同学们的学习与成长，也激励着同学们将它发扬光大，并传播开来，传递下去。

亲爱的同学们，美丽的燕园正盼望着你们的到来，盼望着你们自豪地接过这支火炬！

"梦想北大丛书"编委会

本书配套资源

为了让读者进一步了解北大学子的学习生活，我们收集了读者感兴趣的热点问题，录制了相关视频，扫描右侧二维码即可观看。本书采用"一书一码"的形式，相关资源仅供一个人使用。

读者可加入"筑梦燕园学习交流群"（QQ群号：562571128），与同学们沟通交流。

目　录

1 再回首恍然如梦，再出发我心依旧 ·········· 1

　　起起伏伏过后，我也渐渐与自己握手言和：不要总是用平时的成绩与排名衡量学习成果，一份惨不忍睹的答卷，往往更能激励自己及时查缺补漏，安心复习备考。少一些浮躁和情绪化的假装努力，多一些沉稳和理性化的针对练习，才是自己更应有的姿态。

2 他年博雅神州瞰，正是长风正未休 ·········· 11

　　随着学习状态的逐渐恢复，我变得更加坚韧和顽强。诚然，我曾失去一切，但一切未置我于死地的，定将助我重生。

3 将远方的风景变成脚下的路 ············ 19

　　在沉淀消化落选一事之后，我觉得自己当初的想法真是可笑。"面子不是别人给的，是自己挣来的"，自己落选也并非运气不好。实力差距是有的，但在挑选参营名额的时候也不是唯分数论，不能因为自己成绩不错而定论"自己会被优先选择"。心态摆正之后，我对北大的"恨"也该适时放下了。

4 燕园，为遇见你埋下伏笔 ·········· 25

正当我陷入彷徨时，历史课上文艺复兴时期诗人但丁的一句话点醒了我：走自己的路，让别人说去吧。是的，外界无时无刻不在改变，而我们能做的，就是以不变应万变，坚如磐石，做好自己。

5 寻找那微光 ·········· 31

虽未曾想到梦想会如耀光般照入人生，我亦未曾放弃追逐。于是每一次的失败带来的已然不是痛苦，而是机遇，是前进的方向。不知道的贫困是最大的贫困，未暴露的失败是最真实的失败。我的梦想从未被失败打倒，相反，失败磨平了我的妄想与天真，让我意识到自己真正的困顿。

6 不要停下挑战自我的脚步 ·········· 37

在学习这条路上，难免会充满对自我的挑战，它们有的会带来一时的痛苦、一时的遗憾，但我坚信，不停下挑战自我的脚步才是正确的选择。咬咬牙，坚持过去，就会有到达终点、实现梦想的希望；而一旦放弃，就真的无缘心中的梦想了，这样做可能会留下更大的遗憾。

7 在每个"当下"奋力起舞 ·········· 43

在遭遇了重大失败后，我放下了对北大的执念，这既是立足自己当时实际情况的理性选择，也是出于调整心态的感性判断。时间如流水，决战的脚步渐渐加快，我索性放宽心态，平静地做好每一天的任务。少了些对未来的焦虑不安和对过去成就的耿耿于怀，在每一个"当下"奋力起舞，但行好事，莫问前程。不把目标挂在嘴边，甚至深深埋在心底。只做好每一天的短期规划，把时间安排得满满当当，大脑里充斥着的都是一道道圆锥曲线、一个个历史事件、一句句诗词歌赋。

8 奔赴山海，终抵远方 ⋯⋯⋯ 49

调考如期而至。坐在考场上的那一刻，我的内心十分平静。我只是在答题，仿佛这场考试什么也不意味，什么关系也没有。一天后成绩揭晓，那是我上高中后第一次在成绩单的第一页看到自己的名字：班级第 14 名、年级第 69 名。我终于在隧道的尽头看到了亮光。

9 心怀理想，筑梦北大 ⋯⋯⋯ 55

第一个误区是希望一蹴而就，想要努力后马上看到效果。当时我成绩有些下滑了，就拼命学习希望能快点取得进步，结果过了两个星期，发现自己的分数并没有提升，就开始垂头丧气，觉得自己很笨。后来我明白了，进步和努力的时间并不成严格的线性关系，取得进步需要一个量变到质变的过程，不是我努力一天就能进步一分，努力两天就能进步两分。

10 集中一点，登峰造极 ⋯⋯⋯ 63

"你要深信：天下没有白费的努力。功成不必在我，而功力必不唐捐。能够永远有这样的信心，自然也是好的。"胡适先生在北大毕业生典礼上如是说。抛开种种，学习过程中最需要的便是我们的努力。将心思集中于努力上，方能达到前所未有的高度，即"集中一点，登峰造极"。

11 我的复读 ⋯⋯⋯ 69

复读不是重复。复读是机会。但复读是"除了自渡，他人爱莫能助"。是否能利用好这一机会，很大程度上取决于自己是否找到了适合自己的学习方法。我并非优秀，也从来不是他人口中的"大神""学霸"。我清楚自己有多侥幸，因此不敢自诩"经验""秘诀"侃侃而谈。我有的只是经历。每个人的学习方法不同，但在了解别人怎样学习的同时，或许能有所收获。

12 回顾高中 ⋯⋯⋯ 75

我对结果的恐惧变成了期待，就像一个孩子面对着礼物盒迫不及待地想要打开一样。盒子里装了什么并不重要，重要的是那漫漫长途终将结束的惬意与踏实感。或许正是这种不问结果的心态使得我能在高考考场上淡定自如，并且每天晚上都睡得很快，每次考试都精力充沛。

 13 翻山越岭，事竟成 ⋯⋯⋯⋯⋯⋯⋯⋯⋯⋯⋯⋯⋯ **81**

虽然高考的分数是我们的终极目标，日常学习之时，我们虽仍应以应试为基础，但我们应跳出应试看学科。以我最擅长的英语学科为例，我并不把英语学习局限在课内句法、词汇的掌握以及对课文内容的理解上。进一步地，我抱着"了解文化"的心态，去阅读一些英文周刊、新闻报道，了解一些表达形式背后的历史。我还将学习与业余爱好结合，我喜欢听英文歌，看英文影视作品。在喜欢的歌星出新歌后，我在单曲循环的同时，也能无意间捕获新的英语表达方式。

14 学习路上，一点自白 ⋯⋯⋯⋯⋯⋯⋯⋯⋯⋯⋯⋯⋯ **87**

"知之者不如好之者，好之者不如乐之者。"学习最美好的状态便是乐在其中。我依然记得小时候迫不及待地翻开从图书馆借来的书时，那种激动与雀跃；记得经过艰难的思考与计算后终于得到正确答案时，那种几乎落泪的欣喜；记得读到优美的文字时，那种星星点点的愉悦；记得听政治老师顺着逻辑分析一道高考真题时，那种豁然开朗的畅快；记得做历史题时，忽然想到白纸黑字后是怎样一番风起云涌，因此而无限怅然⋯⋯

15 心向未名，今朝梦成 ⋯⋯⋯⋯⋯⋯⋯⋯⋯⋯⋯⋯⋯ **95**

仔细回忆，求学的过程的确存在许多困难。这些困难，有的来自于父母老师给的心理压力，有的来自于课程学习的难度，有的来自连续失败的痛苦。但我觉得，最大的困难来自我们自己。有时候，考试接连失利，自己难免会对自己的能力产生怀疑。这时候，我们可能就会胡思乱想，但是只要你有一个坚定不移的信念，你就一定能克服这一切，重新回到正常的学习生活之中。

16 以梦为马，直达远方 ································· 101

"古之成大事者，不惟有超世之才，亦必有坚韧不拔之志。"对当时的我而言，胡老师的出现赋予了我勇气的翅膀。我重整旗鼓，再次向天穹之上的那个目标进发。

17 愿赴山海，不负热爱 ································· 107

走进燕园的日子越来越近了，收到录取通知书也已半月有余，但翻开带有木刻"大学堂"字样封面的通知书的那一刻，心中的微漾，却会永远铭刻在我的生命中。三年的高中生活终于尘埃落定，或许在外人看来我的高中三年顺风顺水，但只有我自己心里清楚，看似平淡如水的历程背后，是我起起伏伏的内心和不曾改变的梦想与努力。

18 寻梦记事 ································· 113

但也许是天性倔强的缘故，这些挫折将我摔得越狠，我的"反弹力"就越强；环境对我越不友好，我对自己的期望、对梦想的认知反而越发明晰。现在想想，大概因为我心里的目标很明确、前行的脚步很坚定，所以顾不上理会那些冷言冷语。我知道"寄言燕雀莫相啅，自有云霄万里高"，既然我是翱翔云天的鹰，怎么能被燕雀的嘲讽束缚住翅膀？

19 梦校·逐梦人 ································· 119

高考倒计时步步紧逼，我把刷题强度提到了前所未有的水平。在那些被理综淹没的日子里，我在学校发的加油卡片上一遍遍地写下"我要上北大"，时不时打开金秋营时自己与北大的合照。这个从初三延续的梦，终究在最艰难的时刻支撑着我，让我没有倒下。

20 做好平凡的自己 ································· 125

这是我想说的第二点：要沿自己选择的路、自己认为正确的路坚定而又自信地走下去，哪怕路边的诱惑再多，那也不会是我们的归宿。事实上，我一直坚信只要心中有方向，就不会偏航。一路走来，我们会面对很多质疑，就像我退竞时有人说一年的空缺不可能补上，我放弃中科大少创班时有人质疑我综合成绩并不突出，不应该执意高考。但这些都不影响我每天开开心心地做好自己该做的事，而现在成功圆梦北大，也是彻底击碎了这些质疑。做自己真正想做的事，才会让每一天都充满动力与激情。

21 少年携自信，时光酿稳重 ································ 131

是挫折这把刀，从丑陋的"自负"中雕琢出精华的"自信"；是挫折这根弹簧，让我积聚势能、蓄满动能，始终坚持着向上的信念。

22 筑梦燕园，从此起航 ································ 139

直到一次我复习名言警句时，突然看到了尼采的一句话：谁终将声震人间，必长久深自缄默；谁终将点燃闪电，必长久如云漂泊。读罢，我感到自信的力量重新回到了我的体内。也许我本就不该怀疑自身的实力，我只是需要继续努力，慢慢等待破茧成蝶，毕竟山外有山，天外有天。

23 走在月明星稀的燕园路上 ································ 145

如果要对自己或者学弟学妹们送上一句祝福，我想应该会是我在这条月明星稀的燕园旅途上一直最爱的一句话：追风赶月莫停留，平芜尽处是春山。

24 一路奔跑，一路生花 ································ 151

幼时，是听闻北大之望其项背，犹如群星于广袤苍穹，可观、可敬、却不可及。少年时，是初识北大之源远流长，犹如文化长河之古老河床，可敬、可美、却不敢及。青年时，是近触北大之英姿勃发，犹如古老大国的英朗青年，可美、可交，仍以为不可及。而今，我将轻扣燕园门扉，憧憬满怀，去北大探寻一条独属于我自己的人生旅途。

25 **求知非坦途，坚持梦成真** ·· 157

如果规划的路径错误，也就意味着选择了错误的奋斗方向，越是坚持，离目标就越遥远。当然，考入理想的大学只能算是短期的目标，到大学之后，希望学弟学妹们树立起真正远大的理想，树立起像宋朝张载"为天地立心，为生民立命，为往圣继绝学，为万世开太平"那样的理想，树立起值得自己满怀激情地为之奋斗终身的理想。

26 **鲜衣怒马少年时，不负韶华行且知** ··················· 163

于是，考入北大正式成为了我在高三阶段的目标。恰巧温书的时候看到了一句话："只有用水将心上的雾气淘洗干净，荣光才会照亮最初的梦想。"北大就像一块尚未面世的玉石，我把它放在心尖上细细琢磨，期待着有朝一日能将这个懵懂的愿望雕琢成自己最满意的模样。

27 **勇往直前，奋进卓越** ·· 169

提升学习的主动性、自觉性和积极性。我们要做到有深度、有广度的思考，在不断的追求和探索中深化自己对知识的认知，在钻研和求索新知与未知中收获学习的乐趣和欣喜。

28 **未名新燕的圆梦历程** ·· 175

那时距离高考还有将近五年，同学们都感觉北大是那么高高在上。我与北大的合照也曾引来各种议论，但我认为目标高远才能激励自己不忘初心，为实现梦想而砥砺前行没有什么可心虚的，管别人怎么说呢！

29 **青衿之志，履践致远** ·· 181

经过陈老师的开导，我真正理解了我们中学校长的话："没有人因一次考试赢得所有，也没有人因一次考试输掉一生。"

30 我与我周旋久，宁作我 187

最后我还有一点补充：无论是面临什么样的重大考验，一定要记得劳逸结合。高中学习压力大，任务重，一定要找到适合自己的放松方法，重视交流陪伴，也不误独处静思，比如去散散步、聊聊天。

31 一路守候，静待花开 193

有人会问，高中参加竞赛遇到了哪些问题？是当其他同学在课堂上做功课的时候，你可能要在外面四处奔波，参加崭新知识体系的培训。一门物理学，涉及力、电、光、核等，繁多的内容本就令人胆寒，而竞赛培训时还要用高等数学作工具解题，很难想象我们消化如此高浓缩的知识来解决如此复杂的物理问题是多么不容易。

32 梧桐叶 199

后来，我知道是过去两年的积淀让我有了如今的成绩。这也让我明白，有些事在没出结果前可能一直平平无奇，但总有一天会厚积薄发。

33 心怀燕园梦，未来更可期 205

后来回想起那段日子，很多朋友都说我好像永远不知疲倦，一直笑着用尽全力奔跑。我很感念那个暑假，我真正体会到了追赶他人与修正自我的乐趣。这无疑为我高三的飞跃打下了最坚实的基础。那时的我极度纯粹，我时常告诉自己，每学会一个知识点，我都离北大寒假学堂更近一步。后来，我如愿进入北大寒假学堂。

1

再回首恍然如梦，
再出发我心依旧

学生姓名： 刘琳婕

录取院系： 国际关系学院

毕业中学： 山西省晋城市第一中学校

是不是每个人年轻的时候都有这样一段日子，鸿鹄志高却难遂，迷茫地过着，浑浑噩噩地耗着，最终不是妥协泯然众人，就是找不到出口被生活围困。这时候家人朋友，看在眼里，哪怕不说，心里想的也是"小镇青年何必心怀远方"这样的想法吧。

——J.M.库切《青春》

引 言

也许我们心中都有一个假想敌，他是长辈眼中的"别人家的孩子"：博览群书，兴趣广泛，能力超群，眼界开阔，似乎所有形容孩子的褒义词都是为他们量身打造的。曾几何时，我也是"站在桥上看风景"般仰望这些活在聚光灯下的人儿；可是拿到北大古朴而精致的录取通知书的那一刻，我才后知后觉地发现，"看风景的人在楼上看我"。

我的高中经历如点点萤火，不算绚烂，却也足以汇成人间星河。在此谨以此篇，略陈固陋，任人评说。

一

借我不惧碾压的鲜活，

借我生猛与莽撞不问明天，

借我一束光照亮黯淡，

借我笑颜灿烂如春天。

三年前，我以一个压线生的身份进入家乡最好的高中，怀着一腔孤勇，踏上三年跋涉之旅。晚自习课间徜徉于校园，只因满池锦鲤而欣喜，未在顶级名校红榜前驻足。毕竟，200名开外的成绩，怎敢奢望中国的最高学府。

即便如此，生性倔强的我，还是选择了抛下过去，以一份初生牛犊不怕虎、越是艰险越向前的刚健勇毅，不顾一切地逆风奔跑。语文、数学、英语、政治、历史、地理、物理、化学、生物九科齐头并进。当时年少，也曾幻想成为别人眼中不努力就能名列前茅的学神级人物，可我还是退而求其次，选择了用看得到的努力浇灌成功之花。不求出类拔萃，但求无愧于心。终于，我在第一学期的期中考试中挤进年级前50名，向他人证明了自己，也为以后的继续努力找到了依托。

其实，压线生是我为自己强行打上的标签、戴上的枷锁。只有打破陈旧观念的束缚，学会用现在和未来而不是过去定义自己，才能收获意料之外的成长。

二

也许我没有天分，

但我有梦的天真，

我将会去证明用我的一生；

也许我手比较笨，

但我愿不停探寻，

付出所有的青春不留遗憾。

第二学期的文理分科，让一向均衡发展的我犯了难。几番权衡，几番挣扎，我最终选择了看似简单的文科，却不料平静的海面下也有波涛汹涌。文科入门容易，但想要学精、读透并非易事；文科学习也从来不是听听课、背背书、做做题而已，它融汇着一个学生十余载的博观与厚积，考验着一个学生深层次的认知力与逻辑思维能力。

没过多久，我就被一股强烈的迷茫和无力感裹挟。历史的苍茫厚重，地理的灵活多变，都让我陷入对渺小自我的质疑与否定中。我不由得沉吟思索，叩问内心：当初缘何选择文科，后悔了吗？如何迈出下一步，以及迈向何处？路途遥远就放弃，布满荆棘就后退吗？这些问题一股脑地席卷而来。

但紧接着，另一个声音已在我心里悄悄给出了答复："我从未后悔选择文科。我知道文史哲并非功利性学科，也知道自己尚乏所谓的庞大知识储备与人文素养，但我相信，热爱可抵岁月漫长。我渴望学习历史，领略过往云烟；我渴望学习地理，探索万千世界。""我要'捧着一颗心来，不带半根草去'，纵使只有痛苦作伴，我也要勇往直前。"高二某次月考后的夜晚，我在随笔本上写下这些当时感到热血沸腾，现在看来稚气未褪的文字。整理好心情后我安然入睡，如释重负。

第二天，我开始从学习习惯入手，尝试着改变自己。以历史为例，我不再像从前一样，半睡半醒地听完课、龙飞凤舞地记完笔记、匆匆忙忙地做完作业就万事大吉，而是多做了一些"无用功"。比如，在课前预习，通读课本，阅读教辅资料，明确听课重难点；在课上站着听讲，保持专注，跟随老师的节奏，深入思考历史事件的前因后果；在课后及时回顾，理清框架脉络，补充完善笔记，扎实记诵知识，适当做题巩固；在课外广泛汲取知识，阅读专业文章，积极与老师同学辩驳讨论。功夫不负有心人，尽管我的做题量并不多，但我还是在高二的最后几次考试中获得了喜人的历史单科成绩。

与其苟延残喘，不如纵情燃烧。底子薄、基础差不应该是自甘堕落的借口，相反，这恰恰是我的力量之源，支撑着我付出更多的心血来缩小差距，最终实现反超。

三

很高兴因你灿烂过，

高峰过后总会有下坡。

高二升高三的那年暑假，因为种种牵绊，我无缘北大暑期学堂，所幸漫长的假期过得还算充实。高二接近尾声时，各科第一轮复习陆续开始，但我迟迟没有制定好自己的复习目标和规划，于是暑假成了一个绝佳的机会。我静下心来，回忆各科学习的感受，并参考多次考试成绩，为自己两年来的学习成果做了一份评估，大到优势、弱势科目，小到每一章节、每一模块的掌握程度，并在此基础上为各项学习任务分配好时间，每天按部就班地学习、锻炼、生活。迎接我的，是高三伊始的旗开得胜。

然而，好景不长，短暂的巅峰过后，是绵延的沉寂。"你又不是天赋异禀，何必妄自尊大？"我不禁发出这样的质问。"我才不要认输！"我再次意气难平。

于是，我从一个极端走向另一个极端，开始了一个人的兵荒马乱加病急乱投医。高一刚入学时不问结果，只追求过程精彩；而这时不看过程，只关注结果好坏。暑假煞费苦心做的评估与计划被我丢到一边，取而代之的是迷信量变引起质变的"题海狗刨"。当然，意料之中，我没能以这样的姿态成功上岸。应验了电影《无问西东》中的那句台词：把自己交给繁忙，得到的是踏实，却不是真实。

当时如溺水孩童般的垂死挣扎，现在看来，却只想付之一笑。可也正是那些狼狈，那些心酸，造就了我如今的淡然与从容。

四

> 黎明的那道光，
>
> 会越过黑暗，
>
> 打破一切恐惧我能找到答案。
>
> 哪怕要逆着光，
>
> 就驱散黑暗，
>
> 丢弃所有的负担，
>
> 不再孤单。

"也许，就这样了？""既然高三要放弃，那高一、高二为什么要努力？"

习惯于自己消化坏情绪的我，经历了多次失败的打击后，不得已向老师求助。彼时蓦然回首才发觉，孤帆远航的小船儿也需要温馨的港湾。

说实话，我遇见的老师，个个都是我的贵人呢，丽萍的"多好呢"，棉花的"没问题"，温迪的电台主播级抚慰，老安版的"这都不是事儿"，莉姐的理性分析和中肯建议，句大侠邻家姐姐般的开导，老班的一对一灵魂拷问，恰如黎明的那道光，为我驱散心头的那片阴霾，助我找到想要的那个答案。就这样，我重新鼓起勇气，微笑迎接所有未知的风雨彩虹。

起起伏伏过后，我也渐渐与自己握手言和：不要总是用平时的成绩与排名衡量学习成果，一份惨不忍睹的答卷，往往更能激励自己及时查缺补漏，安心复习备考。少一些浮躁和情绪化的假装努力，多一些沉稳和理性化的针对练习，才是自己更应有的姿态。

五

最初的梦想紧握在手上，

最想要去的地方，

怎么能在半路就返航；

最初的梦想绝对会到达，

实现了真的渴望，

才能够算到过了天堂。

天气渐暖，高考的日子一天天逼近，不常看倒计时的我也开始在疲惫时偶尔抬头看看那些数字如何从三位数到两位数再到个位数。

最后的冲刺阶段，除了知识点本身的掌握，更重要的是找到自己的节奏和舒适的生活状态。比如，我喜欢有规律的生活，就将学习任务程序化，每天固定时间完成。早饭后翻阅地理笔记，晚饭后回顾政治考点，睡前读一首诗或词、看一篇时评文章，等等。惰性、拖延，于我而言亦是难以克服的人性弱点，但我会尽力用一套属于自己的常态化生活模式，把它们对我的影响降到最低。而对于那些零碎时间，我也不愿放任它们像泥鳅一样从我指间轻易溜走，而是安排一些必要的"体力活动"，例如练字、默写，等等。于是，充实和满足取代了焦躁和彷徨。这一阶段模式化生活的好处就在于哪怕只是做了简单重复性的工作，深夜躺在床上"三省吾身"时也不至于因高考的逼近而紧张到失眠，反而越临近高考越相信自己已经做好了充分的准备。

备战高考的过程就像一场马拉松，坚持到底就是胜利。尽管高考成绩很大程度上取决于应试能力，但我还是愿意相信，有这股子三年如一日的恒心与毅力，还怕什么真理无穷、困难重重？

尾　声

春暖花开，

这是我的世界；

生命如水，

有时平静有时澎湃。

穿越阴霾，

阳光洒满你窗台；

其实幸福，

一直与我们同在。

北大意味着什么？对于三年前的我，它是不可能事件，是700公里之外的神圣殿堂；对于今天的我，它是必然事件，是近在咫尺的灵魂归宿。

从踏入考场到阅卷出分，从填报志愿到收到录取通知书，我离梦想中的北大越来越近。轻启红色录取通知书，仿佛打开了学堂大门。哦，北大，熟悉的陌生人，我们就要见面了呢！你给我无限憧憬，我还你无限可能。

谁说小镇青年不配拥有远方？趁着年轻，我偏要远航。

☼ *TIPS:*

❶ 即便如此，生性倔强的我，还是选择了抛下过去，以一份初生牛犊不怕虎、越是艰险越向前的刚健勇毅，不顾一切地逆风奔跑。

❷ 其实，压线生是我为自己强行打上的标签、戴上的枷锁。只有打破陈旧观念的束缚，学会用现在和未来而不是过去定义自己，才能收获意料之外的成长。

❸ 与其苟延残喘，不如纵情燃烧。底子薄、基础差不应该是自甘堕落的借口，相反，这恰恰是我的力量之源，支撑着我付出更多的心血来缩小差距，最终实现反超。

❹ 起起伏伏过后，我也渐渐与自己握手言和：不要总是用平时的成绩与排名衡量学习成果，一份惨不忍睹的答卷，往往更能激励自己及时查缺补漏，安心复习备考。少一些浮躁和情绪化的假装努力，多一些沉稳和理性化的针对练习，才是自己更应有的姿态。

他年博雅神州瞰，正是长风正未休

👤 **学生姓名**：肖胤烨

🎓 **录取院系**：信息科学技术学院

🏛 **毕业中学**：湖北省武汉市华中师范大学第一附属中学

⭐ **获奖情况**：● 第 36 届全国中学生物理奥林匹克竞赛（省级赛区）一等奖

　　　　　　　● 第 37 届全国中学生物理奥林匹克竞赛（省级赛区）一等奖

今日，我已然循心之所向，历风雨、踏千山，终藉长风而与燕园相遇；回首从前，将"北大"二字镌在心中时，我还在名为"长风"的班级里，诵着"直挂云帆济沧海"的诗篇。

想来还是初二时候，我从物理老师那里听说了物理竞赛的有关信息，以及得到了他"你适合搞物理竞赛"的评价。时任物理课代表、原想学数学竞赛的我自恃才高，毅然"转行"，走上了物理竞赛的荆棘长路。随着对物理这门学科的认识逐渐深入，我对它的兴趣越发浓厚，以至于萌生了"大学继续学习物理"的念头。而对热爱物理的学子而言，物理学的圣地，就是北大。想起吴大猷、王竹溪、黄昆这些先贤，想起他们对物理学的挚爱、对祖国的贡献，我不禁心向往之，神思齐之。自此，我的心中就有了长明的光，而追光的少年也多了一人。

然而，"兼职"学物理并不容易。高中物理的深度与广度远超初中物理，而我每天可以利用的时间只有课余的零星时间。分身乏术的我与父母反复商量，最后在班主任的许可下，立下了"上课时间学习高中物理，而不落下初中学业"的军令状。迅速做好安排的我整装待发，而从那时起，我的日常便只能用"疯狂"来形容了。我每天用一半的上课时间来学习数学和物理，利用所有课余时间抓紧解决各科作业，日日如此。回到家中，我已是疲惫不堪，但这于我却不过尔尔。或许，人在做热爱并有意义的事情时所产生的喜悦感、成就感、自豪感，早已盖过了疲惫。

日子翻书般流逝，到了初三，我的成绩渐渐稳定。为顶住中考的压力，我与父母制订了详尽的学习计划。早起晨读、回家加练卷子、睡前读书，竞赛任务不变，计划甚至精确到了分钟，一切都如机械般运转。到后来，我已不需要计划，因为我的生活就是计划。我的名次稳定在了年级前三，与此同时，我学完了高中物理和高中数学。带着对自己的期许，我如愿地进入了华中师大一附中的竞赛班，带着我的梦、我的光，开启了一段全新的征程。

而到了华师一中，我才明白，我的追梦之路才刚刚开始。

以16块国际物理奥赛金牌而闻名的华师一中，有着一套相当严密的培养体系。不光教练经验丰富，同学们也个个扬名省内，这使我学习的压力骤然增加。要想在这群各市的佼佼者中脱颖而出，就需要付出更多的汗水。入学伊始，我便惊异于竞赛与综合兼容的困难程度。当时的我认为，我必须拿出大量时间学习竞赛内容，而我又不愿抛下综合。事实证明，这种方案收效甚微。在竞赛和综合之间权衡良久，我最终做了一个惊人的冒险决定：放弃综合，专攻竞赛。自此，我把那几门综合科目从日程表上尽数抹去，对物理竞赛发起全面攻势。

那是一段美好的日子。我始终忘不了那些缠着教练问学习安排的日子，忘不了课间与教练讨论问题的剪影，也忘不了逃掉元旦联欢会跑去刷题的兴奋。终于，我的成绩一跃进入全组前列。我将"IPhO"的字样写在桌子上，时刻用那些拿了金牌的学长事迹来勉励自己。从《新概念物理》到《难题集萃》，从复赛题到决赛题，我都努力着在最前方奔跑。日复一日，从万木霜天到滴水成冰，从草长莺飞到烈日当空，我从未放慢脚步。现在回过头去看，高一的时光繁忙而充实，那看过的一本本书，做过的一道道题，都是我竞赛时光的见证，与它们共舞的日子，我至今难以忘怀。毕竟，在应该奋斗的年华努力奋斗就是一种幸福。

终于到了高二。在九月的复赛里，我取得了令自己比较满意的成绩。虽未进入省队，但全组第二、全省第18名的总成绩，无疑是对高一生活的认可。但是，我还未来得及喜悦，压力就来得猝不及防。数理方法和四大力学的突然袭击，几乎击垮了我的自信。一个个偏导符号令我痛苦无比，一行行方程式令我不胜费解。更令我烦恼的事情接二连三：不断的"临时任务"如潮水般涌来，有时是几道题，有时是一个实验；这让我的计划一次次被打乱，让我的时间表被一遍又一遍地修改。我用于学习普通物理的时间被不断地压缩，因而我的普通物理成绩开始下滑。不断改变的计划本就让我无比烦心，普通物理和四大力学的不可兼得也让我伤透脑筋。那时，我甚至怀疑当初的选择是否正确，我的梦想是否本是泡影。我开始消极应付任务，不知何去何从。

好在天不绝人。十一月，我有幸参与了在北大举行的国家队选拔课程。虽是旁听，但着实受益匪浅。王稼军老师的平和，穆良柱老师的酣畅，刘玉鑫老师的沉稳，无不深深打动着我。更重要的是，在这些课程中，我再次发现了物理的美：纵然是一行定义，也有着简明的美；纵然是一个方程——我曾厌恶的偏微分方程——也有着对称的美。简而言之，我"开窍了"。这一个月的课扶正了我对物理的动摇，也加深了我对北大的憧憬。我又一次在心头燃起了希望之火，再次全力、热情地过好每一天。我重新拟定了更具弹性、更具可行性的计划。更高阶的知识在我的计划中仍占主要部分，而同时，我开始挤出时间继续学习普通物理。这种双边作战的计划取得了回报：四大力学方面，我毫无疑问地领跑；复赛方面，我重新回到了小组前五——一个几乎锁定省队的位置。我仿佛看到了北大那鎏金的匾额，看到我实现梦想的机会就在眼前。

可是，天遂人愿的事总是如此之少。

那年的9月21日是一个令我终生难忘的日子。彻夜未眠的我一早便冲进父母房间里问成绩，却只得到"第22名，无缘省队"的答复。瞬间，我如同从云端跌落，木然良久。

这就是几年努力的结果吗？

这就是上天给我的回报吗？

我是如何做到长期位列全组前五而复赛直接跌出前十的？

距离高考只剩八个多月了，而我除了数学和物理以外，其他学科基本上是一片空白，我还能赶上吗？

所谓梦想，真的就是虚幻的东西吗？

我不知道那天我如何抑制住了眼泪，也不知道那天我是怎么去上学的。只记得我对着那些进了省队、一只脚踏进理想高校的同学们暗道："我们首都再见。"回到家中，沉吟良久，我填了这样一首词：

> 昔日少年怀一梦，常思竞鹿雄英。小楼尽是坐谈声，征途频碰壁，棱角尽分明。
>
> 我似漂萍回故地，再思历历堪惊。也无风雨也无晴，而今回首去，只有梦难更。

而今回首去，我仍惊叹于当时的恢复力。或许，是案上的《世说》中名士们的放达与洒脱刻入了我的骨髓；或许，是教练那殷殷的眼神让我重拾理想信念之光；或许，是与班主任的一番长谈，让我认清自己未来的道路；又或许，是父母十多年的陪伴，让我发誓要把失去的尽数拿回。不管怎样，我又成为了初中时那个豪气干云、干劲十足、与长风共舞的追光少年。尽管有时我仍会驻足昔日挥洒过汗水的教室，抚摸着从前的课桌久久难言；有时，我也会去拜访那些在省队培训的老战友们，聊着各式各样的题目和各自的故事——我到底还是从复赛失利的阴影中走出来了。在强者如林的华师一中，没人有时间咀嚼曾经的痛苦，这里只有一群为了祖国、为了未来、为了青春近乎狂热奋战的英杰。我要让我的青春在此处燃烧到最高潮，9月21日是一段时光的结束，更是另一段时光的开始。

在家长和老师的帮助下，我迅速拟订了作战计划：首先稳住数学和物理的成绩，同时要赶上化学和生物的进度，持续积累语文和英语素材。这就是我的总纲，一如两年以前，只不过在教室里给我排解疑难的变成了化学老师和生物老师，在办公室和我激烈辩论的人变成了语文老师和英语老师罢了。随着学习状态的逐渐恢复，我变得更加坚韧和顽强。诚然，我曾失去一切，但一切未置我于死地的，定将助我重生。

这八个多月，是一段不断试错的时间。十一月的期中考试，我的化学和生物分数之和竟连120分都不到。这分数于我不啻惊雷。惊异于自己惨淡的分数，我开始反思这一个多月的学习效果。为了快速提升，我开始利用整晚时间专攻这两科。而不久后的T8联考，我的英语成绩跌至120分以下，语文成绩甚至名列全班倒数第五。我那时如吃一记闷棍，心想这两门科目的成绩为何会严重下滑。事实上，竞赛班的前两年生活并没有教会我如何分配时间，而掌握时间分配的窍门，正是我高三最重要的收获之一。在不断地试验之下，我整理出了一份稳定的时间表，并严格地执行它，这样做让我上学期的成绩逐渐稳定下来。然而，在高三下学期，问题一个接着一个：武昌区元调，我的数学发挥严重失常；武汉市三调，我带病上场，英语考得无比痛苦，分数"剑指"T8；武汉市四调，我的语文和英语再次考出莫名其妙的低分；华师一押题卷，我们考场竟然是临时布置的，这直接让我慌了神……出现的问题变得越来越离谱，而且几乎不重样。但是父亲的一句话让我清醒过来：从最开始的知识储备不足，到细节问题，再到偶然因素，这些问题的逐一解决，本身就是一种进步。况且，现在犯错，是为了高考不犯同样的错；现在辛苦，也是为了6月7日那天能尽情地绽放。听毕，我不禁爽然，心绪澄澈。原来，这大半年的错误和问题，正是小说《炼金术士》中所说的"对坚持者的考验"！

于是，我也在这些问题中越发成熟。为了片刻宁静，我常只身一人前往图书馆，觅学习之净土；为了节约时间解决所有作业，我把晚餐时间压缩到了五分钟，为此"享受"了不少的"忆苦套餐"；为了提升文科的做题技巧和作文水平，我三天两头往语文老师和英语老师那儿跑，也曾充分利用英语课代表的"优势"跟英语老师"谈人生"……紧张而快乐的高三生活渐渐到了尾声，我的知识网络、答题技巧也越发完善。在无数个日夜之后，蓦然发现，初中时那个志存高远而有统治力的我与现在的我再度重合。我已不再是那个总考年级第一的我，但我却已然重生，再度成为了对未来充满信心的我。"晓战随金鼓，宵眠抱玉鞍"，我甚至开始期待决战的那一天。

高考的考场上，我出乎意料地冷静。笔尖落下最后一个字之时，我便知道，我对得起这两百多天，我也对得起这三年。虽然成绩并没有那么理想，但对我而言，这已是无上的成功。

我终于能追随我心中的光，投入燕园的怀抱；在未来的几年，我也将不负韶华，书写属于我的另一个故事。从初二到高三，我终于知道了自己只是一个普通人；而高三的这八个多月告诉我，普通人也会迎来属于自己的绽放。愿你也如我一般，纵使尽受磨折，此身仍是少年；愿你也如我一般，在未来的时光里，临星辰大海，沐万里长风；一苇所向，砥砺以航。

TIPS

❶ 更重要的是，在这些课程中，我再次发现了物理的美：纵然是一行定义，也有着简明的美；纵然是一个方程——我曾厌恶的偏微

分方程——也有着对称的美。简而言之，我"开窍了"。这一个月的课扶正了我对物理的动摇，也加深了我对北大的憧憬。我又一次在心头燃起了希望之火，再次全力、热情地过好每一天。

❷ 出现的问题变得越来越离谱，而且几乎不重样。但是父亲的一句话让我清醒过来：从最开始的知识储备不足，到细节问题，再到偶然因素，这些问题的逐一解决，本身就是一种进步。况且，现在犯错，是为了高考不犯同样的错；现在辛苦，也是为了6月7日那天能尽情地绽放。

3

将远方的风景变成脚下的路

——记我与北大之缘

👤 **学生姓名**：侯栋屿

🏠 **录取院系**：光华管理学院

🏛 **毕业中学**：云南省临沧市第一中学

微风夹杂着草木的味道熏香这个夏日。我在祖国西南边陲的大山里，翻一座山就是缅甸的小城里，盼望着那带着"大学堂"木匾的红色录取通知书从那远方的北京而来。

"大学堂"的木匾不是很重，但它又很"重"，因为这里面有成熟的梦想稻穗，沉淀着我三年光阴里的百味：里面有我对北大的爱，也有我对北大的"恨"，是遗憾，也是清除上述对北大一切情感的新的开始。

初闻不明曲中意，烟波飘渺远处声

"拨开云雾，踏进这座边疆小城。在安东山下放一枝山茶花，我不会惊动这片土地，因为我知道，这下面蛰伏着万亩春意。"

这是某天夜晚我在他乡对家乡沧源佤山的念想。沧源，是佤族的"葫芦王地"，也是灵魂栖居的世外桃源。这个人口不到19万的小县城，本是佤族的聚居地。佤族是果敢的民族——从原始社会一步跨入了社会主义社会。这段缺失的历史演进，让佤族保有了原始社会中人与人，人与自然相处时的善良淳朴；但也正是如此，这片没有尘嚣的净土失去了文化积淀的机遇。母亲喜欢旗袍，也常常戏谑道："我们是从裸奔时代一步跨越到旗袍时代的'文明人'。"

可想而知，像北大这样的中国高等学府对于这座小县城的人们来说，只能是一种不可触及的仰望。但在2015年，一名学姐打破了这个"仰望"，原来"裸奔"的佤族也能够走进燕园，走进"大学堂"。佤山沸腾了，村村寨寨的百姓都穿着盛装欢唱。那时的我刚上五年级，虽说那种感觉不明朗，但年幼的我也隐隐萌生了对北大的向往。或许是由于想让佤山再次为我沸腾一次的"自私"，又或许是自己在小城里不错的成绩给我的自信，让我对北大心生向往。但那时，亲友口中的"考上北大"或许只是一种鼓励小孩儿的惯用措辞，甚至连我自己都觉得是笑谈。

坦白说，初中阶段乃至整个高一，我梦想中的大学都不是无数学子向往的最高学府北大。我不是没有理想抱负或者妄自菲薄，而是想让自己认清现实，不去自满自傲。

再闻似食五味散，冷暖爱恨味杂陈

高二是我与"远方的风景"——北大正式结缘之时：一切的爱，一切的恨，一切的遗憾，都杂糅在这一年的时间里。回首过往，从县直小学到市直初中，再到市直高中，我一点点地追上所在学校优秀同学的步伐，保持着不错的成绩。于是在重新认识自我之后，我的目标明晰了——我要考北京大学。我开始了解它，爱上它，向往它。那时候的我热情高涨，对北大的热爱不止一点，就连收到听力训练营优秀学员的奖品——北京大学手账本时我都开心得不得了。看着手中跳跃飞舞的笔杆和做不完的习题，我也觉得格外亲切。我从未觉得自己离梦想这么近过。

于是在听说高中学校文科班获得了一个北大组织的考古实践班名额后，我积极地提出了申请。当我以为万事俱备，等待参营时，我得知了一个不幸的消息——我落选了。我没能获得这个能与北大零距离接触的机会。这虽然不算是一个晴天霹雳般的消息，但那天我的心情和状态一直不太好。或许是从小到大的求学路程太顺利，没有经历过什么坎坷，这小小的落选都足以让我忧伤一整天；又或许是与大家梦想中的最高学府北大失之交臂，我心中的梦想第一次受到了打击。那时候我开始怨恨。我怨恨北大"看不起我"，怨恨自己"运气太差"，甚至想着是不是有"幕后操作"，却没能从自己身上找主观原因。"怨恨使人面目全非"，于是在被"泼了一次凉水"之后，我对北大的热情淡了下来，那份梦想不能说不在了，只是被我从炽热的血肉中取了出来，封存在一处灰暗而寒冷的角落。

譬如高三下学期那年的年初，北大开设了一个寒假学堂的活动，但我并没有申请。我心想不能让人家"第二次"看不起我。但看到一些同学停课去参加寒假学堂的时候，我心里还是有那么一丝不甘。

重听弃曲识己钝，梦醒参悟糊涂人

在沉淀消化落选一事之后，我觉得自己当初的想法真是可笑。"面子不是别人给的，是自己挣来的"，自己落选也并非运气不好。实力差距是有的，但在挑选参营名额的时候也不是唯分数论，不能因为自己成绩不错而定论"自己会被优先选择"。心态摆正之后，我对北大的"恨"也该适时放下了。在一次心理讲座活动中，一位北大毕业的"老学长"——云南师范大学的心理学教授赵老师给我们读了同为北大"老学姐"贺舒婷的《你凭什么上北大》。未名湖畔的桃花、令我魂牵梦萦的燕园、用自己的汗水与拼搏走进北大的莘莘学子……这些美好的事物无时无刻不在拨开我心房上厚重的茧，让我重拾旧梦，放下过往，找回初心。有趣的是，赵老师从2000多个同学中抽取5名"幸运观众"时，我竟成为了其中一员。他跟我们握手并说："跟我握手的人都是有福气的，一定可以考上理想院校。"或许这只是一句无心之语，但我相信，这种偶然之中定有某种必然：那一刻，我找回了自己的初心——我要上北大。

在埋头苦干的几个月中，我迷失过方向，想过放弃，也想过就算自己不再用功学习，随便考一考也能考一所不错的大学，不必再去追求北大。但我的笔记本上写着的一句话给了我坚持下去的动力：挺过去，外面的世界皆是春夏秋冬的馈赠。政治老师也给我送了一张故宫的明信片，上面写着：道阻且长，行则将至。

在无数次挣扎与斗争中，我的心智战胜了心魔。我挺过来了！现在想想，我能受到眷顾，成功收获那春夏秋冬的馈赠，或许就缘于这份坚持。

曲终已是曲中人，收拾混沌赴乾坤

是的，这一次，我打破了"复读才会有好大学读"的迷信，打破了学校里"学号是2101的高考永远要滑铁卢"的魔咒，拥有了不被定义的人生；也让全城的人为我沸腾了一次。小时候的北大是远方的风景，如今作为一名"北大人"，我感恩一切，尤其感谢自己让这远方的风景成为了脚下的路。正如网络上广为流传的一句话：人不是生来就在罗马，要靠自己走过去。但我想说，虽然我们可能出生在离罗马几千里甚至几万里的地方，但我们的最终目标是到达罗马；不仅是到达罗马，更要争取成为斗兽场里最引人瞩目的那个角斗士，将远方无数的风景变成自己脚下的路。

"北大常新"的秘诀，或许就在于她这份海纳百川的包容性。对北大从"它"到"她"是我两年来最丰富的思维跳跃，也是最丰富的一次思想升华。于我而言，这个时候也该"清零"，即清除过往的一切爱与恨、情与伤、遗憾与不足、激动与喜悦。今日的我也算梦想成真。结束了一个阶段的目标，这篇乐章也算是到达了尾声部分。我深知进入北大不是终点，而是新的起点、新的乐章。如何谱写好这曲新乐章，我仍要慢慢摸索和实践。

最后，愿北大常新，愿所有的努力都不被辜负，也愿所有人都能在前进的过程中将远方的风景变成脚下的路！

 TIPS

❶ 或许是从小到大的求学路程太顺利，没有经历过什么坎坷，这小小落选都足以让我忧伤一整天；又或许是与大家梦想中的最高学府北大失之交臂，我心中的梦想第一次受到了打击。那时候我开始怨恨。我怨恨北大"看不起我"，怨恨自己"运气太差"，甚至想着是不是有"幕后操作"，却没能从自己身上找主观原因。

❷ 在沉淀消化落选一事之后，我觉得自己当初的想法真是可笑。"面子不是别人给的，是自己挣来的"，自己落选也并非运气不好。

❸ 在埋头苦干的几个月中，我迷失过方向，想过放弃，也想过就算自己不再用功学习，随便考一考也能考一所不错的大学，不必再去追求北大。但我的笔记本上写着的一句话给了我坚持下去的动力：挺过去，外面的世界皆是春夏秋冬的馈赠。

燕园，为遇见你埋下伏笔

👤 **学生姓名**：盖云天

🏫 **录取院系**：元培学院

🏛 **毕业中学**：辽宁省瓦房店市高级中学

⭐ **获奖情况**：● 辽宁省优秀团员

　　　　　　　● 高中生创新能力大赛省级二等奖

初　见

初次邂逅燕园时我仅仅12岁。小学五年级时的暑假，我着了魔似的要去北京玩，爸爸嫌天热不愿去，我就大打"悲情"牌："你早就说要领我上北京，到现在也没去，再不去，我上初中就没时间去了，这回必须去！"于是，爸爸就把北京大学安排为北京之行的第一站，经历了漫长的等待后，我终于一睹北大芳颜，望着北京大学的牌匾，看着波光粼粼的未名湖面和高耸庄严的博雅塔，我不禁肃然起敬，羡慕不已。其实，初见燕园的我还十分天真懵懂，对自己的人生理想还没有具体的概念，从大人们对北大的赞誉声中，我知道了北大是中国的顶级学府，所以当他人问我长大了上哪个大学时，我总是脱口而出："上北大！"

小时候的梦，就这样生根发芽。而当时的我还不曾想到，成功的花朵，必定是浸透了奋斗的汗水和泪水。

追　梦

时光如白驹过隙，转眼间就来到了中考，我以全瓦房店市第18名的成绩考入了本地的重点高中，这对初中三年一贯优秀、雄心勃勃、想拿全市中考状元的我来说是一个不小的打击。我的北大梦，还能实现吗？

持续的小打击还在继续，刚入学的几次随堂小考，我甚至排在班级的倒数几名。我尽力调整自己的状态，努力适应高中学习的节奏，争取做到"起得比别人早，睡得比别人晚，奔跑得比别人更卖力"。在班车上时时刻刻拿着语文默写本背诵，下课时也端着三千五百词记忆，回家之后也不断刷题……功夫不负有心人，在入学后的第一次月考中，我力挫群雄，击败中考状元，一举夺得全校第一名。

文理分科后，我开始了专注的学习。我将自己的学习规划写在记事本上提醒自己，每天背笔记、做题、整理错题，有条不紊。日复一日，每天如此。每当夜深人静，家家户户的灯都已熄灭，而我被题海的浪花拍打得头昏脑涨时，我总是默默提醒自己：别忘了，你还有一个关于北大的梦想。在这个信念的支撑下，我一次又一次地坚持了下来，而我的成绩也渐渐稳定了下来。

此后的几次联考，我的成绩一直名列前茅。从一个默默无闻的学生到别人口中的"大佬"，我渐渐有些飘飘然了：我认为自己已然"无敌"，我的北大梦已经近在眼前了。

挫　折

高二下学期，我获知北京大学将在暑假开办暑期学堂。怀着激动的心情，我将对燕园的向往倾注到了申请表中。看着密密麻麻的表格，我心中满怀期待，期待多年之后可以以另一种身份与燕园重逢，期待发现一个全新的燕园。

然而现实却并非像想象中的那么完美。查询结果的那一天，我坐在电脑前，看着几行小字，心中五味杂陈。遗憾落选将我从梦境打回了现实：其实我并不如想象中那么出众、那么优秀，我只是莘莘学子中的普通一员而已。

相比于此，我飘忽不定的成绩给了我更大的打击：从高二下学期开始，本来稳定的成绩也开始经不住考验。学考中比较拿手的语文竟然只得了B，联考总分数的名次一度滑落到十名开外，本就不占优势的地理分数一度徘徊在及格线上下……复习阶段的我焦头烂额，几乎不知所措。

屋漏偏逢连夜雨，网课日复一日地进行，这同时也考验着学生们的心智。随之而来的高考延期、强基计划等一系列的政策调整更是让我措手不及。正当我陷入彷徨时，历史课上文艺复兴时期诗人但丁的一句话点醒了我：走自己的路，让别人说去吧。

是的，外界无时无刻不在改变，而我们能做的，就是以不变应万变，坚如磐石，做好自己。

奋　进

解决问题的前提是发现问题。在反复翻看、总结历次考试试卷之后，我发现自己问题的根源在于基础不牢：数学知识点记忆不准确，语文基本的文言实词仍然不过关，英语语法还是停留在原始水平，政治、历史、地理的知识点和原理不熟。"基础不牢，地动山摇"，这些漏洞都极大地制约了我的发挥，并且我发现我以前的关注点总是集中在题本身，并没有深入到题中所蕴含的知识点里。

于是，利用网课的机会，我将基础知识从头到尾作了总结，并进行了分类以便记忆。到了网课结束时，我已经基本填补了基础的漏洞，准备迎接最大一波题海浪潮的挑战。

四月中旬，高三学生开始返校。我每天来到学校的第一件事就是在记事本上写出高考倒计时和一句鼓励自己的话，做完一次深呼吸后，便投入紧张的学习生活中去了。我每天在课上查找问题并记在本上，课后针对问题请教老师并进行专项练习。每天的我都生活在文综选择、英语完形、数学选填和诗歌古文的海洋里。就这样，不到三个月，一百多套文综选择、数百篇完形、七十多套数学选填，厚厚的错题本、翻烂的笔记本、背得滚瓜烂熟的默写文章和名言名句都成为我前进的见证。

高中的最后一段日子里，我选择了以不太紧张的方式面对最终的考试，每天把规定的任务完成后就不再额外练习，只是练练字、和同学说说话，甚至闲下来发发呆。看着只有个位数的倒计时牌，我心中竟有一丝丝的坦然：就算我没能如愿踏入燕园，也不会太遗憾吧，毕竟我为之奋斗过。

梦　圆

7月7日，我走进高考考场。考试过程中的我很平静，稳稳地拿起笔，将答题卡填满，再长舒一口气，轻轻地放下笔。就在这简单重复的动作中，十二年的苦读生涯被我写下终章。

7月8日晚，我心怀忐忑地拿出手机，找出答案……对完答案的那一刻，我心中释然，又有一点窃喜：这一次，我应该可以如愿踏入燕园了吧。

7月23日，窃喜变成了欢呼。我得知高考成绩的那一刻，又想起了12岁时的我站在未名湖畔，看着博雅塔的夕阳时，心中许下的愿望。

而如今，十载梦圆。

结　语

追梦的道路注定不平坦，前方注定会有荆棘和险滩。人生就如同一部鸿篇巨制，路漫漫而道阻且长。而我在通往燕园路上经历的种种，就当是我为遇见燕园而埋下的伏笔吧。终有一天，月色会被打捞起，晕开一个不留遗憾的结局。

TIPS:

❶ 小时候的梦，就这样生根发芽。而当时的我还不曾想到，成功的花朵，必定是浸透了奋斗的汗水和泪水。

❷ 屋漏偏逢连夜雨，网课日复一日地进行，这同时也考验着学生们的心智。随之而来的高考延期、强基计划等一系列的政策调整更是让我措手不及。正当我陷入彷徨时，历史课上文艺复兴时期诗人但丁的一句话点醒了我：走自己的路，让别人说去吧。

是的，外界无时无刻不在改变，而我们能做的，就是以不变应万变，坚如磐石，做好自己。

❸ 我每天来到学校的第一件事就是在记事本上写出高考倒计时和一句鼓励自己的话，做完一次深呼吸后，便投入紧张的学习生活中去了。

5

寻找那微光

- 学生姓名：胡登科
- 录取院系：生命科学学院
- 毕业中学：四川省成都第七中学林荫校区

白云悠悠，时光流逝，三载春秋复东流。由绵入蓉，由蜀入京。回想起走过的求学之路，仿佛一条寻光之路，冲破黑暗而拥抱光明。

本人名登科，姓胡，绵州巴蜀男儿也。幼时不器，体弱多病。习于实验小学六年而无建树，乐技不通七律五音而乐于竖笛鸣声，身长不足四尺五寸而乐于篮球跑步，语文不善修辞作文而乐于阅读钻研。本人虽年幼不器但求学之心未泯。此心出于希望兮，盼考入北大，盼美好前程。梦想便如同太阳般闪耀在了我每天的心中。

纵观求学之路，吾得二三点而已，愿与诸君分享。

接受失败是一种能力

人非生而知之者，孰能无过？学习的过程是充满苦难与挫折的，以至于很少有人会说自己从未失败。听闻成都七中曾有位学霸，外号1.2。这1.2的数字来源于他三年各次考试的平均名次。何等异人也！其几乎包揽状元也！然终有偶然之失败，让位于他人。由此观之，世人无不失败，此常理也。而接受失败则是一种高超的能力。

以本人之见，本人自己的求学之路便是由高频的失败和低频的成功组成的。除中、高考外，我从未考过班级上的第一名，成绩总是在中等徘徊。每次考试都会出现不同程度的失误：语文成绩倒数，数学成绩为班平均以下，化学严重失误，英语涂错答题卡等。这些失败无疑意味着遭受打击与挫折，同时也一次又一次地告诉着我：你不是天选之人，你的梦想只是一纸空谈。直到高考结束后，我仍认为，北大于我而言是一个遥不可及的传说。

虽未曾想到梦想会如耀光般照入人生，我亦未曾放弃追逐。于是每一次的失败带来的已然不是痛苦，而是机遇，是前进的方向。不知道的贫困是最大的贫困，未暴露的失败是最真实的失败。我的梦想从未被失败打倒，相反，失败磨平了我的妄想与天真，让我意识到自己真正的困顿。语文长期倒数没让我放弃语文，而是让我从多个方向分析分数低的原因，从而让我明白了理科思维与文科思维的区别。英语作文分数低，没有让我盲目跟风黄金范文、格式与模版，而是让我明白了比较优势的重要性，从而自己独创了一套犬儒写作法，包揽多次诊断考试作文的最高分。理综遭遇瓶颈，分数难以提高，但我并未躺平摆烂，而是积极"刷题"，寻找每套试卷中自己的问题所在。

我承认，承认失败、接受失败并不好受，但这是必须经历的，而如何利用失败重新启程，才是人生应有的姿态。

高三物理学习方法与考场心态的分享

在高三的学习中，我对物理学科颇有心得，而且在高考甲卷物理中得分110分，并与许多学弟学妹们讨论总结了一些方法，现与大家分享，希望对大家有所帮助。

高三的物理学习方法十分重要，它会决定你学习物理的能力，影响你理综的发挥，改变你高考的总分。我认为在近几年，高考物理偏向考查计算的准确程度和对物理模型的掌握与灵活运用的程度。而这两方面正是我们在学习中最应重视的。

高三的物理学习分为三轮。第一轮复习筑牢基础，第二轮复习熟练各类题型，第三轮复习定时练习并提升分数。就我而言，在第一轮复习时，老师会像讲新课一样梳理所学的知识。复习基础知识的时候我并不会全部照搬抄写老师的板书，而是在不熟悉的知识点上做笔记。建议同学们可以结合高一、高二的笔记本听课，注重理解与补充自己相对陌生的知识点。建议课后勤问老师自己陌生的知识点，以加强对知识的理解。对于一些基础较强的同学，我也建议认真听课。我的物理老师（成都七中物理备课组组长杨老师）曾教导我：你可以用批判的眼光看待老师讲课的内容。因为当你发现老师讲课中的错误时说明你对知识的了解已经变得更严谨、更全面了。

第一轮复习将大脑中的知识活化后，第二轮复习便是熟练各种物理模型。"刷题"便成为了许多同学的不二之选。作为一位资深刷题人，我认为刷题也很容易陷入误区。首先，不要盲目跟风，要认清自己具体的薄弱点（如链接体问题，多对象多过程，单杆双杆等）再展开练习。不要错把别人的难题当成你的难题，也不要过多地、覆盖性地刷题，因为这样做的效率不高。其次，关注自己做错题的点（思路过程不流畅，公式记错，方程式解错了），并拿白纸重新再做一遍，确保最后答案正确，切忌囫囵吞枣、求多求快，在保证每一道题都完美解决后再追求速度。最后，可以用给同学讲题的形式来提升自己的能力。当你能给同学的题目提出入木三分的讲解时，说明你已真正掌握了这道题。

第三轮复习便是定时练套题了。在这里我想强调"定时"的重要性。要想考试不紧张，平时的练习便应该如考试般规定时间。定时的目的在于为理综服务，只要你能在规定时间内拿最多的分，你便离成功不远了。

最后与大家谈谈我在高考时答理综试卷的故事，让大家明白考场心态的重要性。按照我的做题顺序，在做到第二道物理大题时，时间已经比平时练习晚了10分钟。而看到第25题的题干有巨多的文字时，我的内心是痛苦的。这痛苦随后变成了绝望：我发现我只做出了这道题的第一空，而后面的题目在脑中已然如浆糊一般混沌而模糊。在高考考场上，遇见新题型谁不紧张？我开始痛心17分的失去，在那一秒钟里我甚至预见到我与理想大学失之交臂……可担忧与焦虑也只占据了这一秒钟。我意识到自己还有题目没做完，换句话说，还有别的分数可以争取，我便暂时抛开了第25题，转向后面的战场。最后还有20分钟时我完成了卷子，重新调整了自己，抱着试一试的态度，重新冷静地阅读第25题的题干文字，分析模型。最后发现仅仅用一个近似的数学方法便能突破这题，最后答完这题仅仅用了8分钟。虽说肯定有学霸可以直接铲平压轴题，但我认为在如此的压力下，仍能冷静地分析问题、制定策略是很难得的能力。这同时也说明了考场心态的重要性。

希望学弟学妹们能从我分享的经验中有所收获，并能完善自己学习物理的方法。

师恩与亲情

我的成绩并非完全凭我一人之力。我的父母、老师对我的关心与帮助是非常重要的。

语文谢李丽老师耐心解惑、辛勤付出，假期时仍为我们答疑解惑，有时在深夜十一点半，她仍不厌其烦、不怠其倦地与我们讨论问题。谢老师所制作的课件，语音文字，图片视频，甚是清晰，甚是全面。本以小题问之，却以大学问解之，吾师之心亦如汪洋，渊博中孕育着宽厚，平静中翻涌着热情。我从小语文不好，但在谢老师的教导之下，我的语文高考成绩也如黑马般异军突起，斩获125分。她笑着说，我就是"语文励志哥"，勤于钻研，刻苦不倦。而我认为，我的成就之根是谢老师对学生们辛勤的付出。

秋日的北京城微风纳凉，我坐在茶几旁小酌，一杯两杯，是老北京的滋味，也是如今梦想的滋味。未来又是怎样的呢？这需要我自己再出发，再探索，再琢磨。但我始终相信生命中的那束光，会带给我美好的希望和光明的未来。

希望学弟学妹们圆梦北京大学，我在未名湖畔等你。

TIPS:

❶ 于是每一次的失败带来的已然不是痛苦，而是机遇，是前进的方向。不知道的贫困是最大的贫困，未暴露的失败是最真实的失败。我的梦想从未被失败打倒，相反，失败磨平了我的妄想与天真，让我意识到自己真正的困顿。

❷ 我承认，承认失败、接受失败并不好受，但这是必须经历的，而如何利用失败重新启程，才是人生应有的姿态。

❸ 在高考考场上，遇见新题型谁不紧张？我开始痛心17分的失去，在那一秒钟里我甚至预见到我与理想大学失之交臂……可担忧与焦虑也只占据了这一秒钟。我意识到自己还有题目没做完，换句话说，还有别的分数可以争取，我便暂时抛开了第25题，转向后面的战场。

❹ 虽说肯定有学霸可以直接铲平压轴题，但我认为在如此的压力下，仍能冷静地分析问题、制定策略是很难得的能力。这同时也说明了考场心态的重要性。

6

不要停下挑战自我的脚步

👨‍🎓 **学生姓名：**张昊

🎓 **录取院系：**数学科学学院

🏛 **毕业中学：**江苏省扬州中学

⭐ **获奖情况：**● 第 35、36 届全国中学生数学奥林匹克竞赛金牌

     ● 2020 年江苏省最美中学生

进入北大数学科学学院的英才班让我的高中生活减少了一年。虽说逃过了较难熬的高三，但我的两年高中生活依然充满着挑战。

高中学习的第一次挑战来自课内。初中入学时，我的成绩在班级中处于垫底水平。直到初中毕业，我也未达到顶尖水平。进入高中，前路仍是一片迷茫。当时，我也未曾预想数竞将会成为我奋斗的方向，唯一期望的就是有一个良好的课内成绩。课程安排上的变化（多了一门生物）、教学内容的变化给每个人带来了无限可能。我面对高中学业时曾惶惑不安，我并不知道什么样的学习方法适合我，也不知道用现有的方法、习惯能不能跟上高中生活的节奏，自己是否对知识有很好的掌握，一切悬而未解，直到第一次月考，我考出了初中以来最好的名次。班主任老师与我进行了一次谈心，聊了一些未来的规划。那次谈话成为了我顶尖高等学府梦的起点。

我不曾预想过机会能离我那么近。高一的暑假，我在学校的数学竞赛测试中脱颖而出，获取了一个北大数学夏令营的名额。与我同行的，还有一位高三的学长。这时我的梦想仿佛在触手可及的地方了。只要在夏令营中有出色的发挥，我就有可能获得签约，一只脚踏进燕园门内。但是这一次，我收到的却是惨痛的失败。两天的测试结束，我已经心如死灰。我不仅犯了致命的小错误，而且实力上的不足使我感到"即使完美发挥，也不是其他选手的对手"。我以几乎"爆零"的结局结束了第一次大型数学竞赛考试——我没有完整写出任何一道题。高三的学长同样也没有取得好的结果，然后全身心投入了高考，但对我来说，我还要面临一个艰难的选择：还要坚持数学竞赛这条艰苦的路吗？

挫折是逐梦路上必不可少的东西，我选择了坚持数学竞赛这条路去挑战自我。在第一次高中数学联赛时，我超常发挥，进入了省队。在考试还没有结束时，我就有了一种热血沸腾的感觉，认为自己还可以再往前冲，燕园梦似乎又变得触手可及。在全国数学奥林匹克竞赛上，我取得了理应让我满足的成绩，但过程却又让我万分遗憾。两场考试，两个错误，拯救这两个错误中的任何一个我便可以进入集训队，我的逐梦之路就会画上一个完美的句号，但我却没有。那时的招生政策也是悬而未决，那时的我离燕园是那么近，却又那么远。

第二年，我再战数学竞赛。我尚未从去年的遗憾中完全走出，密集的网课又打乱了我原本的生活节奏。直到高中数学联赛之前，我也没有十足的底气在数学竞赛的考场上战斗。考前，我因曾紧张过度而头晕，考场上我也出现了大大小小的失误，一道没有做出的简单题使我的进队之旅坎坷万分，最终我压线进入了省队。在接下来的全国数学奥林匹克竞赛中，我第一天就出现了崩盘，几乎提前失去了进入集训队的可能。经过一个晚上的冷静后，第二天我放平了心态，但因为实力的不足，最终还是没能进入集训队。数学竞赛又一次给我带来了满满的失望：我这一年的努力没有让我在通往燕园的路上迈出一步。

考完后我满心沮丧，我已经浪费了许多绝佳的机会，而如今，我只剩下参加英才班考试这最后一个能让我提前进入燕园的机会。我下定决心，准备再冲一次。尽管做了许多准备，但这次考试的许多授课内容依然让我觉得晦涩难懂。老师在课堂上留下的练习每天我都要思考许久，新学的定理经常需要反复查看笔记才懂得如何去应用，定理的证明也很难记住。每一天，我都感觉自己不行了，无法在考核中胜出了。但每一天，又有另一个念头不断激励我：咬咬牙坚持过去。在所有课程结束之后，我仍然无法熟练运用所学的知识，只是机械地掌握，没有达到融会贯通之境。考试的结果也在预料之中，我并不满意自己的此次发挥。我以为我又一次错失了机会，在回程的火车上，我几乎一句话也没说，回家后也闷闷不乐。失败仿佛又要再次与我相遇。结果公布的那一天，我真不敢相信自己的耳朵！我竟然通过了！逐梦两年，历经数次坎坷与失败，我终于实现了我的梦想。

竞赛毕竟是少数人的选择，在时间的分配上也与高中课内的学习相冲突。一个学期内的很多时间，我都是在学校的一间数学竞赛教室中进行自习，教室里自习的人数会从准备高中数学联赛的四五个人慢慢减少到准备中国数学奥林匹克竞赛时的两个人，有时在准备一些特殊的考试时，只会留有我一个人。在这间教室里，我往往是孤独的。即使有同伴，自习时也不会轻易交谈。这样的环境能使人静心，但也需要一颗坚强的心去应对。数学竞赛的练习题千奇百怪，而且题目的难度也给我带来了巨大的挑战。在数学竞赛教室里，我收获了解题的喜悦，但也不乏百思不得其解的痛苦。记得在备考英才班的时候，由于只有我一人报名了这个选拔，整个数学竞赛教室里全天就仅有我一人。那时准备时间很有限，所以我当时决定每个方向都仅学一点基础知识。但大学的学习内容毕竟和高中甚至数学竞赛都有天壤之别，其内容更加抽象，对于我而言很难掌握，我会被书后的习题绊住甚至倾尽全力也无法解决。头一埋，在草稿纸上尝试自己认为可行的所有办法，当将所有方法试尽，不知不觉间，已经过去了数个小时，但这道题目却仍然毫无进展，这让我有一种欲哭无泪的感觉。这种情况下，我经常会站在窗口，俯视校园，看看远方，心情平复后再进行下一轮尝试。那几天可能是我整个高中生活中最难熬的时光，不过好在我坚持下来了，现在回望，当时所有的努力都是值得的。

在学习这条路上，难免会充满对自我的挑战，它们有的会带来一时的痛苦、一时的遗憾，但我坚信，不停下挑战自我的脚步才是正确的选择。咬咬牙，坚持过去，就会有到达终点、实现梦想的希望；而一旦放弃，就真的无缘心中的梦想了，这样做可能会留下更大的遗憾。

TIPS:

❶ 挫折是逐梦路上必不可少的东西，我选择了坚持数学竞赛这条路去挑战自我。

❷ 考完后我满心沮丧，我已经浪费了许多绝佳的机会，而如今，我只剩下参加英才班考试这最后一个能让我提前进入燕园的机会。我下定决心，准备再冲一次。

❸ 每一天，我都感觉自己不行了，无法在考核中胜出了。但每一天，又有另一个念头不断激励我：咬咬牙坚持过去。

❹ 这种情况下，我经常会站在窗口，俯视校园，看看远方，心情平复后再进行下一轮尝试。那几天可能是我整个高中生活中最难熬的时光，不过好在我坚持下来了，现在回望，当时所有的努力都是值得的。

❺ 在学习这条路上，难免会充满对自我的挑战，它们有的会带来一时的痛苦、一时的遗憾，但我坚信，不停下挑战自我的脚步才是正确的选择。

7

在每个"当下"奋力起舞

🎓 **学生姓名**：安晨瑞

🎓 **录取院系**：经济学院

🏛 **毕业中学**：内蒙古自治区呼和浩特市第二中学

缘　起

出分的那个夜晚，激动兴奋、不敢置信的复杂心情填满了我的内心。那时我意识到，那个触碰不到的北大，正在向我挥手。细细想来，究竟是什么燃起了我对北大的向往呢？是儿时绿皮火车上的戏言，是初中老师的期许，是高中入学后学姐的介绍，是在某个冬日邂逅的浓郁书香气，是好多个夜晚里朦胧而不切实际的梦……

启　程

中考超常发挥，我意外地被分入二中的"火箭班"。然而这里高手云集，笨拙的我甚至很难跟上老师的节奏，成绩自然一路下滑。浑浑噩噩地熬过高一，我才勉强进入文科重点班，此时北大于我，仍旧遥不可及。但经历一年痛苦的磨难后，我竟然开始慢慢爱上了折磨我许多年的数学，尽管她总是把我打击到怀疑人生，但我却十分享受被打趴下后一次次站起来的快感、一次次打碎自己直面挑战的过程。我像一只笨鸟，从站在枝头稚嫩地扑扇着翅膀到渐渐起飞触碰云朵的尾巴，排名随着时间的推移缓慢上升，从中游到上游，再到第一次全市段考的前十。那只笨鸟终于看到了彩虹的一缕光，心底那个小小的北大梦也开始默默地生根发芽。在看到北大公众号发送的一期"北大与你，平分秋色"的美景推文后，我幻想自己有一天也能在北大的怀抱中欣赏她的四季，同她细细耳语。

打　击

然而好景不长，在最重要的大练兵——全市一模和二模中我一败涂地，成绩和排名接连刷新自己的历史最低纪录。高考的倒计时一天天减少，而我却只能倒着从排名表里找自己。我彻底崩溃了，在班主任老师的办公室里大哭一场。回想那段时光，自我否定一次次席卷我的内心世界，恶性循环般持续侵蚀着我的生活。我看不到未来，摸不到希望，曾经的傲骨几乎要被现实折断。

就在这个关键的时刻——我几乎要放弃自己的刹那——母亲给了我莫大的帮助。她机敏地察觉到我糟糕的状态，及时帮我寻求外界的帮助，抚平我烦乱的心绪，让我重新回归平静。其中她对我影响最大的还是那句教诲："不要过度和别人较劲，要和昨天的自己比较，活在当下。"当我把自己的成长轨迹作为参考系时，便不会轻易患得患失、无端焦虑，因为我知道自己已经比昨天更努力了一点，多进步了一些。所谓"修身，齐家，治国，平天下"，唯有整顿好自己的心境才能治国安民，经邦济世。

平　静

在遭遇了重大失败后，我放下了对北大的执念，这既是立足自己当时实际情况的理性选择，也是出于调整心态的感性判断。时间如流水，决战的脚步渐渐加快，我索性放宽心态，平静地做好每一天的任务。少了些对未来的焦虑不安和对过去成就的耿耿于怀，在每一个"当下"奋力起舞，但行好事，莫问前程。不把目标挂在嘴边，甚至深深埋在心底。只做好每一天的短期规划，把时间安排得满满当当，大脑里充斥着的都是一道道圆锥曲线、一个个历史事件、一句句诗词歌赋。

其实我并没有从失败的痛苦中走出来，只是选择继续用不间歇的努力麻痹自己敏感脆弱的心灵。这样"麻木"的心态确实奏效，在最后的一段时间里我的心情就像一湖平静的水，连巨石坠落也激不起涟漪。在那个当下我已经拼尽全力，至于最终的结果，我好像已经不那么关注了。

尾　声

当最后一门英语考完时，我并没有热泪盈眶、如释重负的兴奋，也没有一瞬失落觉得青春不再的怅然，被隆重地宣告结束时，原来人会变得像局外人一样冷静。我被人流裹挟着走出校门，看见拥抱、看见哭泣、看见笑脸、看见鲜花、看见熟悉的蓝天白云，独自踏上自行车，耳边回响着刚入学时"中国灵魂，世界眼光"的警言，笑着告别，无怨无悔。

没有平稳又漂亮的成绩单，没有参加暑期学堂的殊荣，没有身边人的期许，我蹚过了轰轰烈烈又平淡普通的高中三年。出分后的第二天，面对老师同学们诧异惊喜的目光，我反复地扪心自问："你准备好了吗？"现在我终于能做出回答了："是的，我已整装待发！"。不管是运气爆棚的意外之喜还是厚积薄发的一鸣惊人，我最终还是在这场万人过独木桥的较量中有幸获得眷顾，并于这个注定难忘的夏天奔赴北大的怀抱。

无论前路多坎坷，只管纵情起舞吧。

☼ TIPS:

❶ 但经历一年痛苦的磨难后，我竟然开始慢慢爱上了折磨我许多年的数学，尽管她总是把我打击到怀疑人生，但我却十分享受被打趴下后一次次站起来的快感、一次次打碎自己直面挑战的过程。

❷ 当我把自己的成长轨迹作为参考系时，便不会轻易患得患失、无端焦虑，因为我知道自己已经比昨天更努力了一点，多进步了一些。所谓"修身，齐家，治国，平天下"，唯有整顿好自己的心境才能治国安民，经邦济世。

❸ 少了些对未来的焦虑不安和对过去成就的耿耿于怀，在每一个"当下"奋力起舞，但行好事，莫问前程。

❹ 其实我并没有从失败的痛苦中走出来，只是选择继续用不间歇的努力麻痹自己敏感脆弱的心灵。这样"麻木"的心态确实奏效，在最后的一段时间里我的心情就像一湖平静的水，连巨石坠落也激不起涟漪。在那个当下我已经拼尽全力，至于最终的结果，我好像已经不那么关注了。

8

奔赴山海，终抵远方

🎓 **学生姓名：** 靳雅萱

🎓 **录取院系：** 外国语学院

🏛 **毕业中学：** 河北省衡水第一中学

⭐ **获奖情况：** ● "外研社杯"全国中学生外语素养大赛河北
省三等奖

"须知少日拏云志，曾许人间第一流。"

三年前，我在中考志愿系统即将关闭前，用一种我现在想来都诧异的坚持选择了衡中。那时的想法很简单：我想用三年的付出，给青春一个无悔的答卷。

初入衡中，并非如我想象般顺利。

明明已经下定了好好努力的决心，但在行动上却总不肯逼自己一把，我在一天天的浑浑噩噩中浪费了本应努力向梦想进发的时光。成绩长期在班级的中下游徘徊，内心对学校的管理模式和老师授课方法的抵触也越来越深。那时的我似乎已经被磨去了初入校园的棱角与锋芒，内心对未来的思考也是一片混沌。终于，在高一下半学期的期末考试中，我考出了高中最差成绩：班级第72名，年级第405名。现实逼我反思：我到底怎么了？

那时，我在班级里的学号是64号，小测成绩能上班级平均分就会被表扬。如此烂的成绩，让我在努力之初不敢预期什么，只是提醒自己：动作再快一些、上课走神少一些、有不会的知识多找老师问一些、之前的漏洞多补一些……我自认为已经作出了巨大的改变与付出，但结果却是对着成绩单上没有任何起色的成绩苦笑。那时我常常一个人走回宿舍，一边走一边质疑自己这样是否值得。究竟是该退回自己原来安逸的节奏，还是应该在这无希望的坚持中再坚持一下？毫无疑问，之前的道路注定是死路一条，而努力，是我唯一的可选项。

但很显然，决心的下定并不意味着结果的达成。在大约两个月后的调考中，我的成绩排名为班级第59名、年级第354名。这一排名又一次将我置于谷底。在知道成绩的那天中午，我没有去吃饭，而是一个人慢慢地往宿舍走，走到一半终于忍不住蹲在地上，小声地啜泣起来。

那天下午起床后来到教室，面对桌上成堆的卷子，我默默对自己说：就努力到下一次考试，就再坚持一次。这次的努力依旧是没有答案的，依旧像一次看不到光明的奔跑。我已经拼尽全力，等待下一次考试的宣判。

调考如期而至。坐在考场上的那一刻，我的内心十分平静。我只是在答题，仿佛这场考试什么也不意味，什么关系也没有。一天后成绩揭晓，那是我上高中后第一次在成绩单的第一页看到自己的名字：班级第14名、年级第69名。我终于在隧道的尽头看到了亮光。

高二如流水一般逝去，接着，我们就迎来了高三。

小学期时我成绩平平，甚至面对挑战时还会手忙脚乱、无所适从。而在小学期后的大暑假，我读到了北大学姐的一篇文章，其中一句"在桃花如雪的未名湖畔，我们夏以为期"在我脑海中持续不绝地回响。我把这句话抄了一遍又一遍，心里隐隐约约地浮现一个念头：我想去北大。

大学期的开学考，我考出了班级第4名、年级第20名的成绩。终于，北大不再是存在于纸上的一个虚幻而遥不可及的梦，它已变为我努力就能达成的现实存在。高三生活，由此步入正轨。

12月1日，按照衡中的传统，每班都要选十名同学去北大校园参观一天。因为高速封闭等一系列问题，我们到达北大校门口时已经是下午6点。冬日天色渐暗，大巴停在校门口等待保安放行。我向校门口张望，看到北大的学子们进进出出，脸上带着我从未见过的"恰同学少年，风华正茂"的神采。在天色已经全黑后，我们参观了北大校园。黑夜中亮灯的博雅塔、已经结冰了的未名湖，在那个时间节点对我显示出了无尽的魅力。在与学长学姐告别时，我刻意说出了一句再见，心里希望与这院子、与园子里的这群人再次相见。

随后的寒假期间，我们需要在线上学习，这样的教学方式对我这种喜欢与老师、同学相处并生性活泼的学生无疑是极大的挑战。我的脾气变得暴躁易怒，网上的教学授课也听不进去。这时，我的母亲以极大的耐心与隐忍来开导我，在长达94天的假期中做出了巨大"牺牲"。开学后的测试，我的成绩虽无进步，却也没有下滑。

高三下半学期开学时，距离高考仅剩下75天了。在时间短暂、压力巨大的形势下，我的成绩也出现了波动。在无路可退中，我只有选择向前。其实，我从未在内心质疑过自己的实力，所以我相信，高考终会给我一个答案。

在拆开录取通知书的时候，三年时光从我的眼前飞过，我内心的期许、坚持与付出，都在那年的夏末有了最好的答案。

对于高考、对于学习，我还有如下思考：

1. 权利与义务。我们生而为人，便有权力学习人类历史上的文明成果。但与此同时，我们既然已经掌握了大量知识，就有义务继续学下去，最终用知识回馈于社会。因此，面对高考，取得优异成绩并接受更好的教育是我们的权利，但努力学习不辜负培养我们所花费的资源，是一种义务。

2. 理想、情怀与实力。每个人都有梦想的权利，每个人也都有实现梦想的机会，前提是你要有实力。我所在的高中非常盛行一句话：没有人会嘲笑你的梦想，只会嘲笑你的行为与梦想不匹配。高远理想必须以绝对实力为前提，否则理想就只能止步于空想。

3.虔诚与信仰。面对高考，我们要坚信它的公平性。你的一切努力与付出，高考最终会给你一个完美的回答。排除心中的一切干扰与杂念，虔诚地对待高考，高考也定不负你。

☀ *TIPS*：

❶ 如此烂的成绩，让我在努力之初不敢预期什么，只是提醒自己：动作再快一些、上课走神少一些、有不会的知识多找老师问一些、之前的漏洞多补一些……

❷ 那时我常常一个人走回宿舍，一边走一边质疑自己这样是否值得。究竟是该退回自己原来安逸的节奏，还是应该在这无希望的坚持中再坚持一下？毫无疑问，之前的道路注定是死路一条，而努力，是我唯一的可选项。

❸ 那天下午起床后来到教室，面对桌上成堆的卷子，我默默对自己说：就努力到下一次考试，就再坚持一次。这次的努力依旧是没有答案的，依旧像一次看不到光明的奔跑。我已经拼尽全力，等待下一次考试的宣判。

❹ 调考如期而至。坐在考场上的那一刻，我的内心十分平静。我只是在答题，仿佛这场考试什么也不意味，什么关系也没有。

❺ 我所在的高中非常盛行一句话：没有人会嘲笑你的梦想，只会嘲笑你的行为与梦想不匹配。高远理想必须以绝对实力为前提，否则理想就只能止步于空想。

❻ 排除心中的一切干扰与杂念，虔诚地对待高考，高考也定不负你。

9

心怀理想，筑梦北大

学生姓名：陈嘉何

录取院系：信息科学技术学院

毕业中学：福建省惠安第一中学

和许多圆梦北大的同学不同，作为一个生于农村、长于农村的小孩，小时候的我并没有"以后一定要考北大"的豪言壮语，甚至都没有"大学"的概念。天真幼稚的我，在农村度过了六年无忧无虑的小学时光。

　　后来，我来到县城读初中，长大的我逐渐意识到了读书的重要性，身边人反复强调"农村孩子要努力读书，改变自己的命运"，这句话也提醒着我要努力拼搏。奈何从农村学校毕业的我基础薄弱，而县城中学高手如云，在小学经常领先的我接连受挫，成绩甚至到了班级中游。但人活一口气，一向好胜的我，渴望通过读书走出农村，走出小县城，于是我付出了异于常人的努力，最终我以全县最高的中考分数进入当地一中的科教班学习。看到自己的进步，我也在进入高中之际悄悄将北大定为自己的目标。

　　在我们这种县城中学，如果要考入北大这样的学府，成绩至少要是年级前三名。求稳的我则把目标定为年级第一，经过短暂的适应期，我的名次从一开始的年级前三，再到年级第一，再到联考第一，成绩最好的一次我甚至比第二名高了20分。成绩优异的我拿到了学校北大暑期学堂的唯一名额。之前从未出过省的我在老师的带领下来到北京，来到我一直向往的北大。

在参加暑期学堂之前，我对北大的印象一直是朦朦胧胧的，优异的成绩也只是让我觉得自己在一点点靠近心中那神圣的理想学府。而暑假学堂，则让我对北大的印象变得充实而又清晰。清澈静谧的未名湖，古朴传统的博雅塔，蕴藏着无数智慧的图书馆，这些只能在网上看到的画面，正真实可感地出现在我面前。经历过这些，我更加坚定了明年圆梦燕园的目标，而通过参观微纳电子大厦和聆听教授关于芯片的讲座后，我也将信息科学技术学院定为自己的目标院系。

然而，就像《西游记》中师徒四人经历九九八十一难后才取得了真经一样，在圆梦北大之前我也要经历一系列磨难。刚入新高三，我踌躇满志，高一、高二的顺利，让我觉得自己已经半只脚踏入北大，可我却没有料到，困难会在高三这紧张时期如洪水猛兽般袭来。第一次月考便给了我猛然一击，一向第一的我考了年级第三，后来的月考更是一次比一次差，最差的一次我甚至考了第八名——和北大线差了十万八千里。为了考入北大，我挤时间拼命学习，然而却收效甚微。我好像变"笨"了，变得不会学习了。没下过145分的数学成绩因为低级错误跌到了130分，英语阅读错误率居高不下，理综也因为不适应节奏而分数下滑。那时的我只懂努力而忽视了心态建设，在看到自己的实力离北大的目标越来越远时，我变得焦虑浮躁，心态一度在崩溃的边缘。

所幸，我的"救星"——班主任老师发现了我的焦虑，他常常在考试后找我谈话，缓解我焦虑的情绪。班主任老师是我的良师，但更是我的益友。他不会像有些班主任老师那样板着一张严肃的脸，严抓我们的学习。他整天笑呵呵的，相信我们的自律能力，他劝我们要劳逸结合，以至于我们经常在课间被"赶"到操场活动。在当时那个紧张时刻，这种宽松的教育方式无疑能提高我们的学习效率。在班主任老师乐观心态的感染下，悲观的我也变得乐观起来。有时候，你没有进步，并不一定是你不够努力，也可能是你心态过于焦虑，导致考试时失误频出。改变心态的我在不增加学习时间的情况下，逐渐取得了进步。我似乎又看到了希望的曙光。

距离高考还有两个月时，农村专项的简章开始公布，心系北大的我毫不犹豫地报名了筑梦计划。当时的我经过充分的反思，逐渐意识到了我在高三前期步入的一些误区，并且总结了一系列调整心态的方法，我完全走出了当初的瓶颈期，成绩也步入正轨。我也因此通过了筑梦计划的初审，这无疑为我高考打了一剂强心剂。筑梦计划的鼓舞，加上合适的心态调节，我在高考发挥得很好，并且我抓住筑梦计划这一机会，认真备考，取得了加分。虽然我高考分比北大的分数线少两分，但因为筑梦计划的加分，我顺利进入了北京大学信息科学技术学院，为高三画上一个圆满的句号。

经过高三这一系列挫折，我也明白了许多。高考是对学生多方面能力的考核，想要在高考中取胜，既要有极强的执行力，也要有高效的学习方法和良好的心态。学习方法千千万，但我觉得最重要的一个学习方法就是要善于反思总结。反思在于要找出明确的错因，总结则要提出具有可操作性的建议，而不是总结一些"正确的废话"。比如说，一道数学题错了，如果你反思错因是"粗心大意"，那这就是错因不明确，然后你总结"下次要认真"，这就是"正确的废话"。明确的错因可以是"题目看得太快，没看完题目就开始解题"，而针对这个错因，我们可以总结"下次要边用笔扫题干边读题，强迫自己慢下来，并且要看完整道题目再做题"，这才是有效的总结。我们要无时无刻不反思总结，想着怎么把事情做得又快又好，这样才可避免无效努力，有效提高学习成绩。

我当时就是不断反思总结，清楚了自己心态失衡的原因，并且总结出了一些调整心态的方法。我当时主要是有两个心态上的误区，可能很多同学也会有。现在分享给同学们：

第一个误区是希望一蹴而就，想要努力后马上看到效果。当时我成绩有些下滑了，就拼命学习希望能快点取得进步，结果过了两个星期，发现自己的分数并没有提升，就开始垂头丧气，觉得自己很笨。后来我明白了，进步和努力的时间并不成严格的线性关系，取得进步需要一个量变到质变的过程，不是我努力一天就能进步一分，努力两天就能进步两分。发生质变之前，我们的分数会在一个区间里波动，这段时间里我们付出的努力似乎都是"无效"，但其实我们只是在一个瓶颈期，我们现在的努力都是在为成绩有质的飞跃而蓄势。等到质变的时刻来临时，我们的分数就会有明显提高。明白了这一点，我开始持久地努力，而不是努力了一两个星期后发觉没进步就开始焦虑。每天晚上快要放学时，我会回忆自己今日所学的内容，并且清楚自己的分数虽然还没有提高，但自己确确实实把知识点学进去了，付出的努力一点也没有白费。

第二个误区是过于注重结果，因担心结果糟糕而感到焦躁。"高考会改变一个人的命运"很多家长都会这么说，之前这句话也督促着我努力学习。但临近高考，这些言论反而降低了我的学习效率。哪次模拟考发挥得不理想，我就会担心高考也同样发挥失常，进而担心自己没法进入理想学府，命运就此改变……想到这，我就焦躁不安，难以静下心来学习。后来我反思，明白了这是因为我过于注重结果。一直以来我似乎都是为了高考而学习，为了美好的明天而学习。可学习更大的意义应在于学习本身的过程，在这个过程中，我们获取了知识，探求了真理。从此之后，我就努力做一个纯粹为了获取知识而学习的学生，把高考当做检验我学习成果的一次考试。正如胡适先生所说："进一寸有一寸的欢喜。"着眼于学习本身的我发现了收获新知识的快乐，原来看似枯燥的高三也有了很多"小确幸"！尽量去做一个纯粹的读书人吧！这样能助我们在高三有一个始终平和的心态。

在发现并走出这两个误区之后，我的心态逐渐变好。但到了高考的前十几天，紧张的情绪又开始在我的心中蔓延。于是我开始思考如何将自己调整到一个最佳的考试状态。我们老师常说，考前不要大喜大悲。所谓大喜，就是过于自信，过于自信就容易骄傲自满，从而出现大量无谓失分；所谓大悲，就是过于紧张悲观，这样就不容易发挥出自己的真正实力。最佳的考试状态，应该是心如止水，虽略感紧张但内心仍旧平静。于是我提前回忆了几个自己以前考试的经历，有发挥出色的也有发挥失常的。如果高考那天过于自信，我就用发挥失常的例子"打压"自己；如果自己太过紧张，就用考好的例子鼓励自己，尽量让自己处于一个平静的状态。除此之外，我还趁空闲时间在心中模拟高考，我想象高考那两天的画面场景，预想了一些可能会出现的突发情况，并且想象自己完美解决了这些问题——一是准备解决方案，二是给自己一个积极的心理暗示。大多数同学都是第一次参加高考，所以面对陌生的情况都很紧张，经过我在脑海里"反复模拟"，我逐渐熟悉了高考，紧张程度也大大降低。记得高考考数学时，我在考试时间仅剩15分钟时发现一道作答完的大题几乎完全写错，换作是以前的我早就慌了，好在我在高考前预演过这种情况，我从容不迫地找出错误的地方，然后小心改正，最终挽回了近10分。

现在回想过去几年的经历，我无疑是非常幸运的。在之前，考入北大对我而言是想都不敢想的事，但我早早地开始努力没有浪费太多时间，虽遇困难却能及时找出解决方案并得到老师的无私帮助，抓住筑梦计划这个机会从而拿到北大入场券……一系列的事件，让我实现了这个远大的目标。现在，我获得了"北大人"的新身份，即将离开家乡进入大学学习，但我永远不会忘记自己是惠安人。在进入北大之后，我或许还会遇到前所未有的挑战和困难，或许作为"小县城学霸"的我会暂时落后，但"自信人生两百年，会当水击三千里"，我会保持积极心态，不惧任何挑战，带着母校给我的财富，继续拼搏向前！

☀ TIPS :

❶ 为了考入北大，我挤时间拼命学习，然而却收效甚微。我好像变"笨"了，变得不会学习了。那时的我只懂努力而忽视了心态建设，在看到自己的实力离北大的目标越来越远时，我变得焦虑浮躁，心态一度在崩溃的边缘。

❷ 改变心态的我在不增加学习时间的情况下，逐渐取得了进步。我似乎又看到了希望的曙光。

❸ 高考是对学生多方面能力的考核，想要在高考中取胜，既要有极强的执行力，也要有高效的学习方法和良好的心态。

❹ 后来我明白了，进步和努力的时间并不成严格的线性关系，取得进步需要一个量变到质变的过程。不是我努力一天就能进步一分，努力两天就能进步两分。发生质变之前，我们的分数会在一个区间里波动，这段时间里我们付出的努力似乎都是"无效"，但其实我们只是在一个瓶颈期，我们现在的努力都是在为成绩有质的飞跃而蓄势。等到质变的时刻来临时，我们的分数就会有明显提高。

❺ 后来我反思，明白了这是因为我过于注重结果。一直以来我似乎都是为了高考而学习，为了美好的明天而学习。可学习更大的意义应在于学习本身的过程，在这个过程中，我们获取了知识，探求了真理。

❻ 正如胡适先生所说："进一寸有一寸的欢喜。"着眼于学习本身的我发现了收获新知识的快乐，原来看似枯燥的高三也有了很多"小确幸"！尽量去做一个纯粹的读书人吧！这样能助我们在高三有一个始终平和的心态。

10

集中一点，登峰造极

学生姓名：姜家海

录取院系：信息科学技术学院

毕业中学：浙江省杭州学军中学

获奖情况：● 杭州市优秀学生
  ● 杭州市优秀团员

已经与"学习"认识很久了，对它的认识也在曲折迂回中不断深化。对如今的我而言，学习已从理解书本的几行概念、做对卷子上的每道题的单一追求发展到综合性的体系，它已然与生活融为一体，涵盖情绪、身体、人际交往等多个方面，我们需要以调节情绪和保持身体的健康状态等方式为学习创造一个良好的主体环境，同样地，良好的学习状态与收获也能给予我们满足感和成就感，达到相辅相成的结果。

　　学习有很多方法，但我们需要纲举目张，剔除虚假的包装和烦琐的过程。在我看来，要想真正获取知识并将其体现在考试结果上，需要良好的习惯与心态。习惯筑牢基础，心态影响发挥。

培养多方面的习惯

　　习惯的力量，非一日之效，而是滴水石穿。在学习中我们需要培养多方面的习惯，直接相关的如听课习惯、作业习惯、复习习惯、考试习惯；间接相关的也有卫生习惯、自我调节习惯等。我将依次分条介绍我个人的学习经验，同时需要说明的是，由于个体适合的学习方法不同，这样的介绍也更接近于经历自述，所以所述经验仅供参考；在高中的学习中与数学学科的爱恨最为长久深刻，因此我的经验分享将较多结合数学学科的学习经历。

首先是听课的习惯。学习进度和能力不同的情况下，不同学科的听课重点也是不同的。就我个人而言，语文、英语较依赖老师的输出能力，需要紧紧跟随老师的步伐，勤做笔记；政治、物理需要学习老师的方法，如政治的背书框架与重点、物理的各种模型和计算方法；数学、历史较依赖个人的练习与记忆，在课上需要挑重点听，如数学的错题与历史的时空关系。一节课只有40分钟，因此同学们需要正确地分配时间，将注意力更多地放在个人想抓取的重点上。

其次，作业和复习的完成质量与知识的吸收效果紧紧挂钩。高二伊始，我采用"to-do list"来制订计划，我认为这几乎是我高中学习过程中最重要的助力点。一本好的计划本可以让你做事更有条理，时刻掌握自己的学习进度。作业是to-do list所需要安排的重要部分。按时间顺序，我倾向于率先解决思维含量高、难度大的作业（如数学、物理），它们更要求持续性的思考，对精力的消耗也比较大。一般来说，这部分作业完成后人会略有疲倦，接下来可以安排相对机械性或简单重复的作业（练字、简单练习题）。经过这一部分的过渡之后，就可以进入每天的复习阶段了。在复习时，我认为应该把订正直接当成每天的作业，将上课听过思路的题目再从头到尾练习一遍。我们常有"听懂等于会做"的错觉，因此只有自己再练习一遍，才能发现易错点，同时加深对解题思路的理解。接下来可以完成自己安排的复习项目，如计时做一套数学卷、背诵单词、整理笔记，等等。

最后，考试过程同样需要我们保持自身的习惯。忌"临阵换将"，即在考试时尝试自己平时少用的方法，如计算方法、书写方法、答题格式。我们可能很难完全做到"考试如作业"的心态，但也不可将考试与平日练习完全割裂，我们要在适度紧张的心态中保持平时的练习习惯，在心态上用熟悉感弥补恐惧从而减少答题中不必要的错误。

灵活调整心态

习惯奠定了长期的基础，心态则影响了执行力和考试发挥。就平日执行而言，我们需要灵活调整心态。我将以几种常见的心理"困境"为例进行分析。

一、畏难心理

这种心理在数学学科上尤其常见，很多人认为自己的实力解不开某些题，甚至是看到复杂的题干就直接选择放弃。面对难题，总要做出尝试，而非在没有"抗争"的情况下便撒手放弃。最理想的心态是合理时间内的"越挫越勇"（在一道题上钻研过久也不值得，也许在根本思路上就出了问题，此时更需要的是老师的解答）。在我看来，数学解题过程就是一个匹配过程，即拿自己的思路一层层地去对应题干，所谓"刷题"，便是通过反复练习使人能以最快的速度找到匹配的思路。因此，当发现某道题做不出来时且已经顺着某种思路进行尝试后，应当尽可能多地提出新的思路，"覆盖"题干的要求（如同拿大量粒子进行打击碰撞）。只有进行这样的挑战，才能锻炼出面对难题不惊慌的心理，才能更好地培养创新性的思维。

二、自卑心理

在现实的学习过程中，"常胜将军"并不常见，在某个"水逆"的时间段里，成绩很可能会一直倒退，即使你一直在努力甚至付出了加倍的努力。这时，你可能会开始怀疑自己，怀疑努力的意义，通过心理暗示把自己限定在了低水平的成绩区段。哲学意义上，世界观决定方法论；同样地，限制自我的心理也会向现实生活施加影响，从而形成一个死循环。那么，该如何跳脱出这样的循环？我们需要有"功不唐捐"这样坚定的信念，绝大多数时候，努力都不是"速效药"，而是慢慢调理、持续作用的一味"中药"。保持隐忍，瞄准目标，持续努力，量变终能引起质变。

三、焦虑心理

近些年由于内卷文化盛行，且基本没有办法能跳脱出内卷的"怪圈"，所以竞争的激烈程度在快速上升。与此同时，学生心中的焦虑情绪也被放大，尤其是在复习时，了解他人的复习进度都如同一场刺激的赌博。我们自然不能选择"躺平"来面对焦虑，但我们应当摆正心态，尽可能地化解焦虑。杨绛先生曾言："无论人生上到哪个台阶，阶下有人在仰望你，阶上亦有人在俯视你，你抬头自卑，低头自得，唯有平视才能看见最真实的自己。"事实上，我们不可能完全消除焦虑，但减少无谓的比较，增加对自己的信心，即使最后未至人群的巅峰，回首再看也绝无遗憾。那便是每个人自己的精彩人生。

四、羞耻心理

"划水""摸鱼"几乎是每个周末和假期的必备项目，整个高三期间我的周六都没有做过与学习有关联的事。在巨大的学习压力下，我们自然会由于"荒废"（特指没有学习）时间而产生羞耻感，增加心理压力，尤其是在假期结束即将考试的时间里，会因为后悔"为什么假期没有好好学习"而导致当下的复习任务无法进行。对此，我的建议是练就一张"厚脸皮"，暂时原谅过去的自己，并在考试前尽可能地复习更多的内容，考完后再进行反省，并在之后的周末、假期中合理安排学习任务。

"你要深信：天下没有白费的努力。功成不必在我，而功力必不唐捐。能够永远有这样的信心，自然也是好的。"胡适先生在北大毕业生典礼上如是说。抛开种种，学习过程中最需要的便是我们的努力。将心思集中于努力上，方能达到前所未有的高度，即"集中一点，登峰造极"。

TIPS：

① 对如今的我而言，学习已从理解书本的几行概念、做对卷子上的每道题的单一追求发展到综合性的体系，它已然与生活融为一体，涵盖情绪、身体、人际交往等多个方面，我们需要以调节情绪和保持身体的健康状态等方式为学习创造一个良好的主体环境，同样地，良好的学习状态与收获也能给予我们满足感和成就感，达到相辅相成的结果。

② 学习有很多方法，但我们需要纲举目张，剔除虚假的包装和烦琐的过程。在我看来，要想真正获取知识并将其体现在考试结果上，需要良好的习惯与心态。

③ 那么，该如何跳脱出这样的循环？我们需要有"功不唐捐"这样坚定的信念，绝大多数时候，努力都不是"速效药"，而是慢慢调理、持续作用的一味"中药"。保持隐忍，瞄准目标，持续努力，量变终能引起质变。

④ 事实上，我们不可能完全消除焦虑，但减少无谓的比较，增加对自己的信心，即使最后未至人群的巅峰，回首再看也绝无遗憾。那便是每个人自己的精彩人生。

我 的 复 读

学生姓名：张紫依

录取院系：考古文博学院

毕业中学：河南省郸城市第一高级中学（复读）

（原高三在河南省宏力学校）

也许很多年以后，我还会想起那场雨。那场猝不及防的雨淋湿了所有，拥挤的人群里夹杂着轻微的叹息。隔了许久，我依然能感受到当时的狼狈，但当时的我却固执地与大门对峙。那些陌生的面孔中透出了拒绝，却又带着"同是天涯沦落人"的惺惺相惜。所以我选择了复读。

狼狈只是开始。那时应该还早，我还不知道大门里等待着我的是什么，不知道我将走出人生中关键性的一步，也从未想过接下来的一年会以怎样的方式收场。

你需要多长时间才能接受一个新的身份？

一个月？一年？还是更久？

再如果，那个身份是"失败者"，或是"复读生"？

当你听见外面那些声音，"复读生不如应届生""复读生没有潜力"，你也许会鄙夷、会不屑，又也许会害怕、会怀疑、会迷茫。你会本能地排斥，你会极力掩藏，仿佛"复读"是见不得光的影，是丑陋无形的疤。

真是这样吗？

那只是"他们"对这个身份的定义，不是你。

可以说我接纳了身为复读生的我。我承认我曾试着反抗——从聊天中消失，避免碰见熟人，含糊地说："今年高考。"但我明白这样的掩饰只会徒增痛苦，不如接受。我作准备的时间很短，10个月，我要把它花在更有意义的事情上，我要成全我的复读，我不想这次结束后还像今年一样。于是，既来则安，我接受"我"，失败过的，不完美的我，是这样没错，我还要掩盖什么？我与自己和解，拥有了前所未有的坦然，接下来就用行动着眼于改变。我庆幸这个过程只用了2周的时间，庆幸我自始至终都热爱着我的复读。我希望有朝一日我能够骄傲地谈起我的复读，把它当成自己的荣光而非耻辱；我希望我能证明他们都错了，希望一年后我还能笑着，嘲笑他们曾经怀疑自己。

"这是我的复读，依旧可以精彩到无以复加。"

复读不是重复。复读是机会。

但复读是"除了自渡，他人爱莫能助"。是否能利用好这一机会，很大程度上取决于自己是否找到了适合自己的学习方法。

我并非优秀，也从来不是他人口中的"大神""学霸"。我清楚自己有多侥幸，因此不敢自诩"经验""秘诀"侃侃而谈。我有的只是经历。每个人的学习方法不同，但在了解别人怎样学习的同时，或许能有所收获。

我就是这样。

我的高四和高三仿佛是两个截然不同的世界。我的高三在跟随，在患得患失，在漫无目的地"假努力"，是盲目，是焦虑，是"大家都这样"。来到高四，我遇到了更多"大佬"——他们的学号比我靠前，他们的成绩遥遥领先；他们的思维更加先进，他们的能力更强，然而更重要的是他们每个人都有自己的节奏，有自己的体系与方法，在郸城"体制之内"亦可游刃有余，这才是真正的"尖子生"该有的样子。仰望着学习着，我决心要掌握我的"术"。于是我会更多地去想这些知识怎样才能进入脑子而不是怎样更美观地抄到本子上；我会去想政治大题该怎么分析材料得出答案而不是我曾背过哪些知识点；我会去想这道导数题用哪种方法更快，分参还是二次求导，而不是因为解出了题而沾沾自喜；我会去想这道题有点难，但我想写写试试而不是这题怎么这么难还是放弃吧；我会去想我还有哪点不足，错到哪了，怎么改，而不是盯着成绩得意忘形或唉声叹气；我会去想"为什么是这样"而不是"记住它""这样就好"……

我开始惊喜，惊喜找到了自己的节奏，惊喜自己把复读和学习变成了真正属于自己的东西。

我时刻在调整，我会花整节课总结上次周练的失误，上周目标完成了多少，我与前面的同学有多少距离，下一步该怎么走；我会在考试中刻意放慢节奏找出每一个不会、不懂、掌握不牢的点，以备课下去问去查；我甚至会故意犯下错误，我相信"补不足"才是比分数更为重要的收获。我会把前期和后期用力的重点分开——前期是发现问题、弥补不足、补回弱科的绝佳时机，我弥补不足的重点在数学，所以我会跟着老师的节奏一点一点把基础打牢，留意那些我闻所未闻的二级结论；我刷大量的题，追求难度，并跟周练的压轴死磕，改变"先易后难"的做题顺序来提升我做压轴题的能力，我要的不是100分，而是高于130分；至于英语、语文和文综，我自恃高三的积累与记忆尚能应付考试（那时我可以把政治四本书从头到尾背一遍），而这三科的突破口在于"改变思维惯性"。我会分析文综卷上的每个材料，把得到答案的思维过程反复逆推，追求"就题论题"和思路的灵活多元而不再依赖知识点。至于后期，大小模考接踵而至，我开始改变策略重视总分，适当从数学中分出时间给文综、语文和英语，但仍然刷题并追求"难度"，总结每次考试的"低级错误"和新思路、新解法，并汇总到本子上，在考前翻一翻提醒自己。语文跟随老师只做高考题，作文改变"华丽"的外表而重视逻辑（这个问题积重难改，但我庆幸我做出了改变，不至于重蹈覆辙），英语不太担心但每周会刷一套题练手感；文综成了最后的"硬骨头"，我的重心依然在"高考题"，反复做、读答案，但更会留意命题人拟答案的角度，从材料到答案完整的思维过程（思维闭环），重视的是"术"。我不否认"背"对文科生的重要，但我的复读，不是高三的重复，我不需要用所谓的努力来感动自己，也不需要用所谓的成绩来满足自己，我只想拥有我现在不具备的能力。自始至终，我没有关心过分数，我只在乎"能力"。取舍之后，我终于知道什么才是真正适合自己的学习方法。

我来成全"我"的复读。

查成绩的那天晚上并没有预想中的狂喜。我看着电脑屏幕前发亮的数字，脑中只闪过三个字——结束了。

是啊，结束了。

想起刚进班时有人说："我们在大雨滂沱中见面，但离开时，一定是个灿烂的艳阳天。"

高考前一天晚上我写下这样一句话："准备好了。"没错，不是"加油""必胜""全力以赴"，而是"准备好了"，不是成绩，而是心理；不是为了兵临城下的考试，而是为了前方的未知。支撑我来复读的从来不是高大上的梦想，而仅仅是"不留遗憾"，像小孩子摔倒后的不甘。我无法预知某个结果，但无论它是什么，我都会坦然接受。

因为我的复读，已再无遗憾。

我努力了，我明白什么适合自己，我找到了方向，我在进步，感到前所未有的踏实。我得到的远比"成绩"多。复读生活并不是想象中的那样剑拔弩张、硝烟四起，而是我们沦落天涯却和衷共济；我们萍水相逢，一起走过那些重要的时刻；我们在元旦晚会上点燃热情，看同学们在2022新年贺词上写下希望……而我庆幸自己没有袖手旁观，庆幸自己融入了一个完整的班级，并能够在自己的位置上为大家做些什么。第一次我有了归属，第一次我想要担当……

我的复读，它是际遇，是生命妙曼的无常与起落，是历练，是成长。

落子无悔。

"逐日"我曾这样定义我的高考，还有我那非比寻常的高四生涯。我曾拼力去追赶，至而今，尘埃落定，了无遗憾。"逐"的本身也意味着"无尽"，而那"日"已然被赋予了更多意义。新时代的重门洞开，我将继续追逐，像过去那样。奔赴一场注定困厄的穷途；去往已知却不详的前方。

 TIPS:

❶ 复读不是重复。复读是机会。

❷ 但复读是"除了自渡，他人爱莫能助"。是否能利用好这一机会，很大程度上取决于自己是否找到了适合自己的学习方法。

❸ 我不否认"背"对文科生的重要，但我的复读，不是高三的重复，我不需要用所谓的努力来感动自己，也不需要用所谓的成绩来满足自己，我只想拥有我现在不具备的能力。自始至终，我没有关心过分数，我只在乎"能力"。取舍之后，我终于知道什么才是真正适合自己的学习方法。

❹ 我努力了，我明白什么适合自己，我找到了方向，我在进步，感到前所未有的踏实。我得到的远比"成绩"多。

12

回顾高中

学生姓名：张一诺

录取院系：法学院

毕业中学：河南省郸城市第一高级中学

转眼间，我已经毕业许久了，想起刚拿到北京大学的录取通知书时，我总感觉过去的三年连同高考都像一场梦，手中的录取通知书也显得那么不真实。我不敢相信结果真的像班主任老师所说的那样"好得出人意料"，我也总觉得我没有像那些学长学姐们一样做得那么好，既没有刷完市场上所有的题，也没有在半夜睡不着时把生物书背三遍。尽管如此，我知道，我已经做了自己能做的，对于过去这三年，我没有留下什么遗憾。虽谈不上什么成功经验，但我愿将自己在高中三年里有所感悟的地方与大家分享。

高一时我的心态一直比较平和，对高中的新奇感使我能够一直以较好的精神状态投入学习。当时我的成绩很优异，分科时文理科排名均在全年级前三。我觉得这主要得益于我从入学时起就下定决心要在高中"打出一片天地"，全心全力投入学习，认真对待每一堂课。优异的成绩使我消除了"付出没有回报"的忧虑，并且收获了被认可的快乐，从而始终保持着乐观积极的心态继续努力。现在想来，高一的那段时间可以说是我高中生活中心理上最为轻松的时光。

高二上半年，我的状态与高一大致相同。但在高二下半年，我陷入了长时间的情绪低落状态，这种状态在升入高三的上半年后愈演愈烈，我常常不明原因地哭泣，面对试卷时大脑一片空白，也常会有一些消极的想法，无法把精力投入学习中。一轮复习因此被耽搁不少，高一、高二几乎没有排在全年级前20以外的我，在高三的大小考试中起起伏伏，最坏的时候甚至排在前50之外。要知道，我们学校每年能裸分考上中国顶尖高校的理科生基本不超过10个，但在整个高三的考试中，我考进前10的次数寥寥无几。

在那段日子，我心情低落、成绩越来越差、身体上还有疾病。我一直以为我是为了考取北大才来到我就读的那所封闭式管理的高中的，但越来越不理想的成绩使我觉得一切都没有了意义。我开始胡思乱想，想劝慰自己接受有可能到来的失败，频繁思考人生的意义、奋斗的意义。我在那段时间里想明白了一件事，考上北大并不是我的本心，更多的是别人给我的期待，而我真正追求的是从这落后的小县城走出去，见一见广阔的世界，找到志同道合的朋友，活出精彩的人生。相信以我自己的能力，一定能考到我所向往的城市去。于是，我开始释然，逐渐从焦虑中解脱，我不再关心成绩的好坏，只关心自己是否有进步、是否弥补了不足、是否充分利用了每一天。我告诉自己，我所做的每一分努力都是为了让最后的结果变得更好，但结果究竟怎样，只能交给命运。第二轮复习和第三轮复习中我一直保持着这样的心态，高考考场上亦是如此。我对结果的恐惧变成了期待，就像一个孩子面对着礼物盒迫不及待地想要打开一样。盒子里装了什么并不重要，重要的是那漫漫长途终将结束的惬意与踏实感。或许正是这种不问结果的心态使得我能在高考考场上淡定自如，并且每天晚上都睡得很快，每次考试都精力充沛。

在各个学科中，我最不擅长语文，尤其不擅长写作文。我的语文素养并不强，也没有从小积累诗词的习惯，在做阅读理解的选择题时总是不能很好地把握"设误点"。我总觉得只有那些从小注重语言能力提升、经常阅读诗词名著的同学才能真正学好语文，而靠高中短暂的努力是不可能显著提高语文成绩的。后来我在一次学姐分享学习经验的报告会上恍然大悟，语文终究也只是一门学科，和数学、物理并无差异，既然数学题、物理题都有套路可循，那么语文也一样。在心理上转变观念，认定语文成绩也能够通过努力提升是我真正开始补弱的第一步。在那之后的三个月里，我每天都给自己补加语文专项训练，对没有把握的题型逐一突破，站在出题人的角度思考题干的引导方向，把选择题的各种常见设误点熟记于心，阅读并背诵大量的作文素材，精心布置作文的结构，并设法把所记的素材灵活运用。在高考中，我的语文取得了134分的成绩，虽然并不算很优秀，但对于我来说却是整个高中阶段中最好的语文成绩。

物理虽然不是我最擅长的科目，却可以称得上是我投入时间性价比最高的科目。我的父母均是高中的物理教师，在我没有接触物理时就因对父母的崇拜而对物理有着极高的兴趣，因此面对这门很多同龄人"避之不及"的科目，我有着更多的探索与钻研的兴趣。我高中的物理老师同时也是我的班主任，他上课幽默风趣，经常穿插一些小故事，因此每一堂物理课我都听得十分认真。与其他同学相比，我感觉自己并没有在物理上投入太多的精力与时间，成绩的取得更多的是兴趣使然。很多同学惧怕复杂的物理大题，但我认为近几年的高考物理大题并不算非常难，它们主要难在运算量大、条件多上，碰到这样的题目时必须冷静，搞清楚各个条件之间的关系，同时在平时就要注重运算能力的提升。

我感觉数学与物理在思维上有许多相通之处，必须关注条件，搞清楚是什么条件使得这道题目描述的情景区别于一般情景，这对于解析几何和立体几何尤其重要。在几何题中，之所以出现特殊的结论，必定是因为它满足了特殊的条件，遇到证明题时运用这种思维对做题有很大帮助。我自认不是非常聪明的那类学生，在数学上下足了功夫，毕业时数学错题本上一共整理了700多道题，也刷过很多套卷。我感觉做题速度的提升不仅要通过刷题提高做题的熟练度，还要依靠做题技巧。我在高中的考试中常用的技巧有通过选项缩小答案区间、选择题直接代入选项中的特殊值验证排除等，平时我并不会把太多时间用于整理同一道题的不同解法上，而是采取记住通法、尽量记住思路比较特殊的题目的策略。

我最想要分享的一点是，考场状态需要刻意练习，有的同学误以为自己到了高考考场上自然会专注于考试，感到自己到时一定能避免失误超常发挥。实际上，即使是在高考考场上，失误也往往是无法避免的。计算错误、看错条件、抄错答案、忘记涂卡之类的低级错误，在高考考场上都有可能出现。大部分人出现失误的原因主要是不够专注或缺乏熟练度，对于前者，我们必须在平时的考试和练习中刻意练习，集中精力，提高时间意识，做练习题时也可以给自己定时以提高紧张度；对于后者则要加强记忆，出现失误时不要以粗心为由搪塞过去，更不要认为自己会做，只是一时大意。决定你高考成绩的是分数，而不是你会不会。失误比不会做题更可怕。我个人在高中阶段大大小小的考试中就经常犯各种低级错误，刚开始时我并不重视这些因"粗心"导致的错误，甚至会在心里找种种借口为自己"洗白"，比如这次考试时比较困、这次考试时生病了状态不好，等等，只要考试时自己足够重视就一定能减少失误。例如我在一次重要的联考中数学的第一道选择题就做错了，我意识到如果已经形成做题马虎、先入为主的习惯，那么只靠考试时的"重视"是远远不够的，必须投入时间精力，让自己形成认真读题、分析好各种条件之后再做题的好习惯。只有把每次考试都当作高考来检验自己，这样才能在真正的高考考场上发挥自如。

我想，每个高中生都必然看过许多也听过许多"过来人"分享的学习经验，我也是如此。但其实我并没有在实践中完全按照前辈们所说的那样去做。在高三的百日冲刺大会后，我的一个同学告诉我，他感到如果事实真的像学长学姐和老师们所说的那样，他一定是完蛋了，但他决定放手一搏，走出一条自己的路，最终他考上了清华大学。他的话在当时也给了我很大的启发，我们没必要过于相信前辈，毕竟学习本来就是需要通过一次次探索来一次次调整的，每个人都有适合自己的学习方法和学习模式，适合自己的才是最好的。但重要的是，必须要放手一搏，并且能吃苦。

如今身处燕园，我想对曾经的那个自己说：谢谢你没有放弃，谢谢你的坚持，成就了今天的我。

TIPS

❶ 于是，我开始释然，逐渐从焦虑中解脱，我不再关心成绩的好坏，只关心自己是否有进步、是否弥补了不足、是否充分利用了每一天。我告诉自己，我所做的每一分努力都是为了让最后的结果变得更好，但结果究竟怎样，只能交给命运。

❷ 我对结果的恐惧变成了期待，就像一个孩子面对着礼物盒迫不及待地想要打开一样。盒子里装了什么并不重要，重要的是那漫漫长途终将结束的惬意与踏实感。或许正是这种不问结果的心态使得我能在高考考场上淡定自如，并且每天晚上都睡得很快，每次考试都精力充沛。

❸ 他的话在当时也给了我很大的启发，我们没必要过于相信前辈，毕竟学习本来就是需要通过一次次探索来一次次调整的，每个人都有适合自己的学习方法和学习模式，适合自己的才是最好的。但重要的是，必须放手一搏，并且能吃苦。

13

翻山越岭，事竟成

学生姓名：洪瑜键

录取院系：信息科学技术学院

毕业中学：云南师范大学附属中学

获奖情况：● 昆明市三好学生

● 云南省三好学生

● 云南省师范大学附属中学优秀毕业生

　　未来是否繁花似锦，源自我们当下之努力，做一个勇敢的人，做一个好奇的人，做一个坚定的人，翻山越岭，事竟成。

——霍金《终极问答》

踏入新境，走近层峦

　　我的家乡云南多山，我的学习历程，也恰似翻山越岭之路。每次进入新的学习阶段，就像是走入一段新的山脉，风物各异，境界愈新。而我首先要做的便是融入新境。以从初中进入高中为例，刚进入高中时，眼前的世界纷繁得有些难以捉摸：数十个学生社团、各种学生会组织的文艺活动、更多的学习科目，还有更繁重的学业压力。步入新境，我首先厘清了自己的首要目标：考上理想的大学。但面对丰富多彩的课余生活，我也意识到：一味地把全身心投入书本而不关照生活，大概会把自己变成"书呆子"，很难全面发展。于是我在高一学习压力尚小时，追随内心对音乐的喜爱参加了音乐社团，在社内的比赛、活动中感受到了"爱我所爱"带来的内心充实的感觉。

　　踏入高中新境，我开始意识到，学习并不仅限于端坐在书桌前奋笔疾书，如何去生活、去平衡"逸"与"劳"，如何去接受更多的东西而不胆怯，会是更深层次、更长远的学习。我学会在涌现的新事物前静观其状，再选择、奔赴，不盲目狂热，也不丢掉心中的好奇与喜悦。步入新境，云雾背后，层峦旖旎。

碌碌而为，绝巘难行

高三上学期全市统测，焦虑悄然而至。高考的预备铃已然敲响，教室里的空气仿佛都凝重了几分。身边许多同学都开始购买大量课外题"狂刷"。我本不喜"题海战术"，但看着周围同学晚自习埋头苦刷，我不禁紧张起来，害怕自己掉队。我开始为分数而焦虑，周测后一次又一次刷新成绩平台，希望成绩赶快发布，但又怕下一秒跳出的数字让人失望。愈是焦虑，我的分数愈是难看。从年级前20掉到70多名，我脚下似乎是个无底深渊，我开始"跟风"买题，总感觉自己刷题的时间少，但思绪却乱了。学习似乎变成了"军备竞赛"，大家讨论着今天做了什么，明天又要做什么。我呆呆地看着前方，盘算着还有200多天，心弦紧绷欲断。

压力扑面而来。化学老师关心的话语、"你能上清北"的鼓励、晚自习回家后父母轻言细语的小心，是暖意，但也成了压力。我敏感得有些可笑，觉得一切的一切都在告诉我、警醒我、警告我：你是高三生了。本就善感的我，不时会在深夜把头埋入被窝喘息哭泣。

战胜自我，勇攀险峰

一次月考结束，我的数学成绩很不理想，在办公室被数学老师叫住，交流学习近况。局促不安之时，我将内心对排名下滑、密集考试的恐惧说出，本以为这般软弱的模样大概会让老师失望，没想到他拍拍我的肩爽朗一笑："怕什么呀？"这是他平常课上调侃难题的口头禅，那一刻却让我醍醐灌顶：心中的恐惧本就是我给自己加的码，而空自焦虑也只是浪费时间。一直以来我害怕身边的人失望，其实只是害怕失败，不相信自己罢了。如果有清晰的定位，"尽吾志也而不能至"，也大可无畏无悔。

"第一个和最后一个敌人，都是自己"，与其给自己徒增烦恼，不如先重新认识自己。在高考前210天，我暂时忘掉我是所谓的"高三生"，放下各种周围人给自己贴上的标签，不以"优生"自居，重新审视自我。我暂时放下了对刷题、难题的执着，重新从课本、笔记"啃"起，再次深入学习知识。整整几周，我整理了之前半学期的错题，重新分析了自己的不足，制订了属于自己的系统化学习方案。心静而境深，我总算在之前的丢分点有了突破。高考如期而至，我平稳发挥，终于如愿叩开燕园之门。

回顾高中的奋战时光，我想我最大的收获是独属于自己的学习风格：认清自我后冷静、客观地评判自己、规划自己。过往的学习生活是对我的磨炼，把曾经情绪化的我变得安稳、坚定，翻山越岭，无远弗届。

登山之径

往事回顾至此，我还有一些学习经验可以与后来者分享。虽然高考的分数是我们的终极目标，日常学习之时，我们虽仍应以应试为基础，但我们应跳出应试看学科。以我最擅长的英语学科为例，我并不把英语学习局限在课内句法、词汇的掌握以及对课文内容的理解上。进一步地，我抱着"了解文化"的心态，去阅读一些英文周刊、新闻报道，了解一些表达形式背后的历史。我还将学习与业余爱好结合，我喜欢听英文歌，看英文影视作品。在喜欢的歌星出新歌后，我在单曲循环的同时，也能无意间捕获新的英语表达方式。同理，理科类学科的背后，隐藏着的是教材上颇有生趣的科学史和思维方式。若学习是着眼于此，那难题也会变得不那么枯燥了。

终日乾乾，与时偕行

古朴的"大学堂"通知书颇有几分重量，掂在手里的仿佛不只是一纸录取通知书，还有梦想成真的喜悦。北大也从遥远的星光成为了我眼前的灿烂。我向往北大的自由包容，也自知自己还需不断努力变得更优秀才可与北大的优秀相配。道阻且长，行则将至。我将用好每分每秒，奋力奔跑，去看未名湖畔的星空，在燕园探寻一番新的天地，书写人生新的篇章。

☀ TIPS：

❶ 踏入高中新境，我开始意识到，学习并不仅限于端坐在书桌前奋笔疾书，如何去生活、去平衡"逸"与"劳"，如何去接受更多的东西而不胆怯，会是更深层次、更长远的学习。我学会在涌现的新事物前静观其状，再选择、奔赴，不盲目狂热，也不丢掉心中的好奇与喜悦。步入新境，云雾背后，层峦旖旎。

❷ 那一刻却让我醍醐灌顶：心中的恐惧本就是我给自己加的码，而空自焦虑也只是浪费时间。一直以来我害怕身边的人失望，其实只是害怕失败，不相信自己罢了。如果有清晰的定位，"尽吾志也而不能至"，也大可无畏无悔。

❸ 回顾高中的奋战时光，我想我最大的收获是独属于自己的学习风格：认清自我后冷静、客观地评判自己、规划自己。过往的学习生活是对我的磨炼，把曾经情绪化的我变得安稳、坚定，翻山越岭，无远弗届。

学习路上，一点自白

🎓 **学生姓名：** 方若彤

🏠 **录取院系：** 哲学系

🏛 **毕业中学：** 广东省深圳外国语学校

高考后的一个夜晚，我思考着关于"学习"的问题，这个词，是我从小学到高中的主旋律，而我却鲜少有这样一个机会，坐下来，认真思考它的真谛……

首先，学习是什么？广义的学习是指人与动物在生活过程中凭借经验产生的行为或行为潜能的相对持久的变化。次广义的学习是指人类的学习。狭义的学习专指学生的学习。由此我想到我的语文老师说过的一句话："生活处处是语文。"不错，我们也可以说，处处是学习之地，时时是学习之机。学习是一种认识活动，通过学习，我们对事、对物、对人、对概念形成了自己的理解，让它成为我们思想的一部分。这样的学习，怎么能仅仅局限于书本呢？实际上，我们都在自觉或不自觉地把生活与学习结合起来：语文的作文会有时事材料，我们会用一些生活场景揣测英语续写，政治题的很多材料就来自生活……所以，我的一个基本态度是，拥抱生活，热爱生活，积极地在生活中学习，而非把学习与睡眠、饮食、社交、运动、娱乐等等撕裂、对立，而是让这二者达到一种和谐，这样你会发现生命更美好、更有意义，而学习不再完全是"为了考上好大学""为了找份好工作"的苦差事。

但是，有同学可能会问："我们的学习，难道不是处处都透着应试的味道吗？"我承认，当我用标准的发音读"part A"而它总是标红标黄不给高分时，我也想感叹一句："这折磨人的听说！"当我认真地学习着地理知识而出题人却总是剑走偏锋时，我也会因起起落落的成绩而感到挫败；当我的数学成绩比考前预期低了二三十分时，我多想说一句造化弄人。当学习与考试、成绩、排名、选拔、未来联系在一起的时候，它已很难纯粹。但至少现在，在需要一个相对客观的标准来从庞大的人口中筛选人才的当下，这一局面很难改变，所以我们只能改变自己的心态。

"知之者不如好之者，好之者不如乐之者。"学习最美好的状态便是乐在其中。我依然记得小时候迫不及待地翻开从图书馆借来的书时，那种激动与雀跃；记得经过艰难的思考与计算后终于得到正确答案时，那种几乎落泪的欣喜；记得读到优美的文字时，那种星星点点的愉悦；记得听政治老师顺着逻辑分析一道高考真题时，那种豁然开朗的畅快；记得做历史题时，忽然想到白纸黑字后是怎样一番风起云涌，因此而无限怅然……这些都是学习的乐趣，奋进的乐趣，即使在获取那乐趣前需要记忆一大堆枯燥的知识，理解很多艰涩的概念，我也心甘情愿。生而为人，我们都有不断向上生长的渴望，拼搏永远是我们生命炽热的底色。学习于我是思想的跋涉，没有对艰辛的克服与超越，就不能收获美丽的风景。而当我把过程置于结果之前时，我发现最终成绩的好坏已经不是那么重要的事了。因为一路走来我已收获了太多，我若能一直保持这样的心态，那么对我来说也是百利无一害的。

不过，学习不是生活的全部。当你觉得思绪频频飘走，一个字都看不下去的时候，起来走走吧。学习不是全靠自制力的苦修，这样的学习也不会有效果。

以上可以说是我对待学习的心态，若有这样的心态，便已经是一个好的学习者了。但这还不算什么"学习方法"，因为我们还没有进入学习的内部。高中三年来，如果你问我获益最多的是什么，那我的回答一定是"思考"。我认为高中与初中最大的不同，便是更侧重于对"认识问题–分析问题–解决问题"的能力的教育与考查。当然，对知识的掌握依然重要，这是基础，但同时我们更需要的是严肃思考的能力。我的一个原则就是，面对任何学习材料都不应浮在表面，不应去死记硬背一个个汉字。要真正做到去思考、消化、吸收，构建体系和相互关联，这样才是有效的学习。

我的具体经验如下：

1. 预习

据我观察，身边真正有预习习惯的人很少，而这个习惯十分重要。通过预习，我会对将学习的内容有一个框架性的了解，更重要的是对文本形成一个自己的感知和理解，知道哪些是自己没有掌握的概念，这可以帮助我在课堂上抓住学习的重点。即使没有充足的时间，我也会尽量看框题、目录，大致浏览课文。

2. 课堂

在课堂上需要专注集中地思考，要特别关注重难点，记下没有理解的东西并在课下进行处理。在课上要跟着老师的思路构建框架，把分散的知识点串起来。一个好方法是，老师每讲完一块内容自己就做个小结和梳理。总之，自己的"内心戏"越多，就越是在高效地利用课堂时间。

有些同学觉得老师讲得慢，有些知识内容自己已经懂了，就开小差，做其他事情，我觉得这样十分不妥。老师讲得慢，就意味着我们有更多的余裕复盘、整理。我不推崇在课堂上做作业，这样做的话思绪是被频频打断的，就算完成了作业也只是没有效果的"完成"而已。

3. 课后

课后需要对课堂上没有理解的知识内容进行及时的处理，此外就是复盘和消化。我习惯当天就在脑海中把课堂内容过一遍，出现空白与模糊的部分就是再次复习和理解的重点。然后是完成作业。作业不是机械死板的任务，而是一个再次巩固知识点并训练应用能力的过程。此外，做作业的同时还要进行思考：这道题运用到了什么知识？为什么会想到这个方法？答案为何会这样设置？我的过程和答案的过程有什么不同？哪个更好？通过这样的思考把每道题吃透，然后再做题实践，再获得新的认识，便是有趣、有效的学习。

4. 考试

其实考试和平时练习差不多，也不过是题而已，但考试有时间限制，属于"performance zone"，容不得像平时在"learning zone"一样花费大量时间仔细推敲，故而要讲究策略，如先做简单题后做难题等，并需要在模拟考试中逐渐找到适合自己的节奏。在考试结束后依然要注重复盘，寻找优化方法，调整学习重心。

我们有时会在考试时想到一些与题目无关的事情，而且在考试的最后五分钟经常会因为焦虑而很难专注于思考。我们应该通过大量的模拟演练把心态放平，做到只思考题目本身。把过程做好，结果自然不会差。

针对各学科的不同特点，我还有一些学习经验，也许值得分享。

语文

语文考试主要考察的是两种能力：

一是阅读。老师教授的基础知识要完整掌握，包括手法、术语、对应作用。平常阅读文章时，不要只是走马观花式地浏览一遍，而应该仔细分析它的结构、手法、情感主旨等，也应该认真听老师的讲解，反思自己没有理解到的地方。

二是写作。写作就是形成自己的观点并流畅有条理地输出。平时要重视每一次练习的机会，从审题开始就要培养严谨的思考模式。限时写作更容易暴露不足，所以要引起警惕。写完后不要怕问怕改，但每次改后一定要复盘这里为什么要这么修改，下次写就要注意。也可以积极学习其他同学的优秀作文，在别人的观点、结构、遣词造句中观摩可学之处，从而博采众长，获得进步。

英语

单词无疑是英语学习的根基，除了没掌握的生词，熟词生义也十分重要。很多派生词我都习惯联系词根、词缀理解含义，这不仅有利于猜测陌生词义，也能增强我对这门语言的理解。

语法应当重视，但不能把它当作教条死记硬背。先形成英语语法的整体框架，再去记忆一些细则，才能有更清晰完整的认知。

做阅读题时应效法语文，有意识地分析篇章结构、主旨、段落大意，确认答案前一定要回原文再次阅读答案区间，而不是看过一遍后就直接选择。

写作文时要把题审清楚，完整地看一遍，完整全面地获取信息。写作前可以列出主题大词与相关词，平时也应分题材进行积累。

政治

政治的学科语言可能略显枯燥，但绝对是精确而简练的。首先应该抛弃"逐字逐句背下来"的想法，理解是先行的，死记硬背的效果并不好。从书本的编排框架开始梳理，分析每节、每段的逻辑，理解语义，再结合题目材料理解就能掌握。考前我会自己画思维导图，检验对课本知识的理解情况。

地理

很多同学觉得地理如同玄学，实则不然，它同样有自己的学科规律。在掌握基础知识的前提下，我们需要寻找和积累好题，反复体会思路，总结分析方式方法。同时地理考察的内容十分广泛，平时遇到不了解的地理常识和人文地理的专业名词时，我们应该记下来、反复看，也可以关注地理公众号和阅读杂志刊物，了解一些地理现象。

学习路漫漫，我亦是行人，相信北大将是这条路上一处独特秀美的景色！

✦ TIPS

❶ 所以，我的一个基本态度是，拥抱生活，热爱生活，积极地在生活中学习，而非把学习与睡眠、饮食、社交、运动、娱乐等等撕裂、对立，而是让这二者达到一种和谐，这样你会发现生命更美好、更有意义，而学习不再完全是"为了考上好大学""为了找份好工作"的苦差事。

❷ 而当我把过程置于结果之前时，我发现最终成绩的好坏已经不是那么重要的事了。因为一路走来我已收获了太多，我若能一直保持这样的心态，那么对我来说也是百利无一害的。

15

心向未名，今朝梦成
——信念的力量

学生姓名：韩卓衡

录取院系：元培学院

毕业中学：山东省枣庄市第八中学

获奖情况：● 山东省优秀学生

当我接到邮递员叔叔的电话，拿到录取通知书的那一刻，我感到三年的付出结出了最美的硕果，能够如愿以偿进入北京大学，我的高中无怨无悔。回忆起三年的点点滴滴，有痛苦的挣扎，有收获的喜悦，但更多的，还是拼搏的汗水。

这些天，许许多多的学弟学妹都向我询问所谓的学习经验，他们可能想听到的是如何记笔记，如何听课之类的经验。我却认为，我最大的学习经验，就是要有一个坚定的信念。正是有着对未名湖畔坚定的向往，才成就了我今日的北大之梦。

记得那还是初三，我在手机上浏览各个大学的招生宣传片，其中北大的宣传片深深地吸引了我。的确，他不是最绚丽的，他不是最有创意的，甚至他也不是最震撼人心的。但是，就是那短短的几分钟，我感受到了一所真正的大学的底蕴和内涵，感受到了北京大学背后厚重的历史。可惜，我生活在小城市，在这个城市中如果有学生考上了名校都是难得一见的新闻。所以我开始思索，我难道真的不能进入这所学府吗？难道小城市的学生就没有机会吗？我觉得我一定有机会。虽然还有点半信半疑，但我却在心中悄悄地锚定了自己的目标——我要凭借自己的努力进入燕园！

高中三年的生活虽然苦，但我每每想到进入燕园后的学习生活，顿时觉得付出的一切都是值得的。每当我疲倦时，燕园的梦总能让我活力满满；每当我想放弃时，脑中燕园的景象都能让我重拾信心。回想起来，若是没有对燕园的梦想，这三年可能会难以坚持，我可能会在一些困难面前选择放弃而不是选择奋起。这信念，会让一道道略显枯燥的习题变得有意义；这信念，会让一天天不停息奋斗的日子变得有奔头；这信念，会让自己的学习生活变得目标明确。同样，这信念，最终帮助我成功进入了我的梦想学堂——燕园。

仔细回忆，求学的过程的确存在许多困难。这些困难，有的来自父母老师给的心理压力，有的来自课程学习的难度，有的来自连续失败的痛苦。但我觉得，最大的困难来自我们自己。有时候，考试接连失利，自己难免会对自己的能力产生怀疑。这时候，我们可能就会胡思乱想，但是只要你有一个坚定不移的信念，你就一定能克服这一切，重新回到正常的学习生活之中。

记得在高一有次我做足了万全的准备，尽全力去迎接期末考试，可是天有不测风云，那次不知道为什么，我的数学出现了严重的失误，比平时低了近20分。当然那次考试我的名次也是很不尽人意，这就给我带来了压力，我开始怀疑自己前一段时间的努力是否真的有效，开始怀疑自己的能力。但是我对燕园的向往，给了我继续走下去的力量，并最终帮助我走出了这个困境，回到正常的学习状态。

强烈的信念能够激发出惊人的力量，它是成功的动力源泉，在你遇到困难时，它可以帮助你积极地解决问题，而在你一无所有的时候，它又能带给你勇气，使你重新站起来，继续前进，直到成功为止。学习亦是一样，当我们拥有一个明确的目标，有一个坚定的信念的时候，我们自会无往不胜。与此相对的，当我们没有一个信念，整天只是浑浑噩噩地度过时，我们遇到的任何一个困难，都会成为阻挡我们前进的绊脚石。

但不是所有的梦都能称之为信念，从我自身来说，我对燕园的梦，一开始就算不上是一个信念。一开始让我萌发对燕园的向往的，是北京大学的名气，是社会对它的认可度，是我当时优秀的成绩给予我的信心，是学校和老师给我的一种任务。可是这样的梦，它不会对你产生积极的作用，它只能平添你的向往，当你遇到挫折遭遇失败的时候，你可能就会改变自己的目标。因为这个目标的确立是因为本身就有优异的成绩，而不是因为这个目标而努力奋斗使自己的成绩变得优异，所以这种目标不是我们所需要的，也不是我们内心的信念。

那么什么才算是坚定的信念呢？在我眼里，对一个高中生来说，一个坚定的信念，表面上就是有一个理想的大学目标，但实际上，这个目标必须是我们从内心深处所真正相信的，是我们相信自己能够完成，并且愿意为之付出努力的。可能我们的学校都会让我们大家定下一个目标，但是如果这个目标只是写在墙上、写在纸上，或是只是说说而已，那么这样的目标将不会给我们带来任何的效果。一个真正的目标，是我们下决心要背水一战去完成的，是我们能够不顾周围人的怀疑甚至冷嘲热讽，不懈努力去实现的。有了这样的目标，当我们遇到困难、挫折的时候，我们就能够战胜挫折，笑对困难。

对于我自己而言，对燕园的梦真正成为一个信念，还是高二暑假的时候。我参加了北京大学组织的优秀中学生暑假学堂。在那里，我看到了北大学生的精神，看到了他们的优秀；在那里，我看到了北京大学和我们国家、民族的密切关系；在那里，我看清楚了我内心深处想成为其一员的渴望；也正是在那里，我真正确定了自己的目标。

信念是会伴随着你的努力变得越来越强大的。我有了这个信念之后，每次考试考好时都会增加我实现这个信念的信心；而每次考试考得不好甚至考砸了时这信念同样也会帮助我克服困难，继续向前。当你的信念足够强大，那些之前难以逾越的困难会突然变得轻而易举。曾经，我畏惧考试，害怕自己会失误，会考不好。但自从我有了这样的信念之后，我爱上了考试。我把考试当做磨炼自己的途径，当做检验自己的方式。考不好了我就吸取教训，考好了我就总结经验。总之，当你有了一个坚定的信念，生活中的每件事便都可成为成长的助推器。

当你有了这样的信念，你对一些事物的看法都会随之改变。一些原本显得痛苦，你不想做的事情，可能会突然变得有趣，并且还会吸引你主动去做。曾经上早读课时，我总是会抱怨为什么那么早，甚至有的时候还会睡着，但自从我有了坚定的信念之后，我没再抱怨早读课太早，甚至还觉得学校开门有点晚。同样，我也没再认为晚自习漫长难熬，而是开始感叹晚自习怎么总是转瞬即逝。当你有了这样的信念，原本显得枯燥的课本都能成为你战斗的武器，你原来避之不及的这些东西，可能会开始散发着莫大的吸引力。一个你真正相信的信念，会让你活力焕发，会让你学得无比起劲，会让你以一种积极的状态面对自己的学习生活。

当然，并不是有了信念就万事大吉了。我们也需要使用一些恰当的方法来达到我们的目标。比如你如何分配各个学科的学习时间，还有如何调整不同时期的复习策略。但是这些方法或是策略都是更微观的一些东西，当我们有了一个坚定的信念，这些方法、策略就会自然而然地通过自己的调整和学习得到，我们也会自然而然地找到适合自己的学习策略。但我们还是要有主动调整的意识，主动地去修正一些不合适的学习方法。所以我们只要有这样的意识，再加之一个坚定的信念，这些微观的东西是不会成为追梦之路上的绊脚石的。

可能你会认为这样的信念太难拥有了，可长征不是轻轻松松、敲锣打鼓就能完成的。的确，信念的培养确实很难，但当你愿意拥有这样一个信念时，其实你就已经接近成功了，就像我刚才所说的，信念是会随着你的努力一步步变得坚定的。所以我相信每一个希望自己拥有这样信念的同学，只要坚定信念，就一定会成功。

TIPS

❶ 每当我疲倦时，燕园的梦总能让我活力满满；每当我想放弃时，脑中燕园的景象都能让我重拾信心。回想起来，若是没有对燕园的梦想，这三年的确可能会难以坚持，我可能会在一些困难面前选择放弃而不是选择奋起。

❷ 当然那次考试我的名次也是很不尽人意，这就给我带来了压力，我开始怀疑自己前一段时间的努力是否真的有效，开始怀疑自己的能力。但是，是我对燕园的向往，给了我继续走下去的力量，并最终帮助我走出了这个困境，回到正常的学习状态。

❸ 当你有了这样的信念，你对一些事物的看法都会随之改变。一些原本显得痛苦，你不想做的事情，可能会突然变得有趣，并且还会吸引你主动去做。

16

以梦为马，直达远方

👨‍🎓 **学生姓名**：杨智卓

🎓 **录取院系**：元培学院

🏛 **毕业中学**：河南省信阳市固始县高级中学

在生命的那个阶段里，所有的事情都是清晰的，所有的事情也是可能的，在那个时候，人们敢于去梦想，也敢于去企慕那些他们希望发生在自己生活里的奇迹。

——《牧羊少年奇幻之旅》

立志·独上高楼，望尽天涯路

北大的名气响遍全国，我所在的那座小城也不例外。亲人们常半开玩笑地对我说："你将来一定可以考上北大！"这颗名为"北大"的种子，便悄悄播种在我的心底，伴着岁月的流逝而生根，随着学识的成长而发芽。那时的北大，对我来说是一个符号，象征着梦想、未来与希望。

后来在父母的带领下，我有幸参观了北京大学，与自己的理想学府来了一次近距离接触，曾经抽象的图像也渐渐变得清晰。古朴典雅却又不失大气的西门，日光照耀下波光粼粼的未名湖，不远处矗立着的庄严的博雅塔，以及校园中行色匆匆的学生们……北大的这般光景，正是我心中理想的模样。当梦想渐渐清晰，追梦的脚步也越发坚定。面对北京大学的牌匾，我在心中暗暗告诉自己：一定要全力以赴，圆梦北大！

追梦·衣带渐宽终不悔，为伊消得人憔悴

随着年岁的增长，我开始体验到实现北大梦的难度。进入高中，陡然加大的学习任务让我手足无措，而起起伏伏的成绩更是让我感觉自己与梦想越来越远。当其他人都在照常前行时，我的内心却蒙上了自我怀疑的阴影。曾经心心念念的北大梦现在变成了远在天边的星辰，只可远望，而我竭尽全力也无法触及。我开始动摇，将这个梦掩盖在无奈中。曾经的梦想仍在，只是失去了鲜亮的色彩。我的班主任胡老师早已观察到我的异常，更洞悉了我内心的阴霾。他与我做了一次颇具影响力的谈话，他肯定了我的能力，更指出了我成绩不稳定的症结——偏理弱文。我豁然开朗：的确，初中开始语文便是我的弱项，高中时这个问题仍然存在。随着谈话的深入，我心中的迷雾也渐渐消散。胡老师还以己为例，谈及他曾经勇往直前的人生道路，并以他独有的激情和豪放鼓励我相信自己，继续向前。"古之成大事者，不惟有超世之才，亦必有坚韧不拔之志。"对当时的我而言，胡老师的出现赋予了我勇气的翅膀。我重整旗鼓，再次向天穹之上的那个目标进发。

谈话过后，我明确了自己努力的方向：重点补习语文，保持其他科目优势。遵循语文老师的建议，我投身于各种习题中。天分不足，就用汗水弥补；能力不够，就用训练提升。我整日在各类阅读题中遨游，面对古文古诗反复思索，续写着我与语文的故事。刷题仅仅是过程，理解和总结才是目的。最终一道道题"量变"的积累真的带来了成绩"质变"的突破：经过几天的密集训练，我对阅读题越来越得心应手，练习持续到下一次大考时，我的语文成绩有了明显的提升，排名更是刷新了历史纪录。看到成绩的那一刻，我无比兴奋，为努力终于取得回报，为

梦想终于更近一步。"骐骥一跃，不能十步；驽马十驾，功在不舍。"怀揣着雄鹰的梦想，就算是蜗牛也可以一步步向金字塔的顶峰迈进。

决战·临事静对猛虎，事了闲看落花

高中生活就像不息转动的齿轮，遵循着一成不变的节奏。我们日日披星而起，载月而归，整个世界好像只剩下学校和家的两点一线。埋头于各科的繁杂任务中，我用尽可能万全的准备迎接着高考的到来。看着倒计时上的数字从百位到十位再到个位，我心中有忐忑，又有激动，这是我高中三年最后的测验，也是关乎我北大梦想能否实现的挑战。当高考真正到来时，我自如地坐在考场，遥望着窗外远处的田野、不时翻飞的喜鹊，内心反而波澜不惊。"决定你高考的并不是那一瞬间，而是之前奋斗的日日夜夜。"忽然间想起了朋友赠我的这句话语，于是屏息凝神，继而奋笔疾书。蝉鸣一夏需经十七年蛰伏；而我一路的追寻，三年的积淀，正是为了在今日交出自己最满意的答卷，尽全力奔赴北大的终点。

考完最后的英语科目，我放下笔，随人流一起走出高考的考场，心中并不像之前想象的那般有着终于解放的兴奋，反而有一种一切结束了的失落。对于最终结果，我反倒看淡。古人云："尽人事，听天命。"完成了我能做的，无论结果如何，我都该坦然面对。可淡然的心底仍有小小的期许，我幻想自己成为北大一员，在其中学习、生活……

圆梦·长风破浪会有时，直挂云帆济沧海

出分之日，一切尘埃落定。当得知我超乎寻常的发挥和历史最高的分数时，我愣住了。父母止不住的称赞，老师激动的话语，学长学姐

热情的祝福，让我明白北大梦想已近在眼前。当昼思夜想的梦想化作现实，内心的欣喜与震撼让我久久不能平静。我想起汪国真的那句诗："没有比人更高的山，没有比脚更长的路。"纵山高路长，然人的潜能无限；纵山穷水尽，然前路柳暗花明。不必畏缩不前，只要敢于梦想，一切皆有可能！

最终我被北大元培学院录取，这是我的荣幸。我对很多学科都有着浓厚的兴趣，而元培学院自由的选课制度、特色的跨学科专业和弹性的学习年限让我有了更多的选择余地，让未来拥有了无限的可能。在这里，我将迎来人生新的启航，同时我也会延续这份梦想的力量，长风破浪，直达远方。

⚙ TIPS

❶ "骐骥一跃，不能十步；驽马十驾，功在不舍。"怀揣着雄鹰的梦想，就算是蜗牛也可以一步步向金字塔的顶峰迈进。

❷ 古人云："尽人事，听天命。"完成了我能做的，无论结果如何，我都该坦然面对。

❸ 我想起汪国真的那句诗："没有比人更高的山，没有比脚更长的路。"纵山高路长，然人的潜能无限；纵山穷水尽，然前路柳暗花明。不必畏缩不前，只要敢于梦想，一切皆有可能！

愿赴山海，不负热爱

🎓 **学生姓名：**杨祖宁

🎓 **录取院系：**光华管理学院

🏛 **毕业中学：**辽宁省盘锦市高级中学

⭐ **获奖情况：**●第 34 届中国化学奥林匹克（初赛）二等奖

引　言

从戊戌风云中的"景山门启鳣帷成"，到沙滩红楼的"爱国进步，民主科学"，再到未名湖畔的"团结起来，振兴中华"，北京大学始终站在时代潮头，引领风气之先。

这是一座积淀文化的学府。大师云集、名家荟萃，思想自由、兼容并包，走过百余年风雨历程的北京大学，以亚洲之巅的学术实力和人文底蕴，印证了李大钊先生的期许："只有学术上的建树，值得'北京大学万万岁'的欢呼！"

遇见北大，结识北大，爱上北大，走进北大——这是我追逐梦想的历程，更是我跨越书山学海那段难忘经历的见证。

相遇与相识

因为一直以来对文学和历史的热爱，所以我在高一上学期期末选科时毫不犹豫地选择了文科。而考上北京大学——考上这所文科实力享誉全国的最高学府的梦想，便在我心中生根发芽，北京大学也成了照亮我求学之路的那道光。

真正与北大结缘，是在那一年的暑假，我有幸参加了北京大学全国优秀中学生暑期学堂，这次的暑期学堂也让我更深入地了解了心中的这块圣地。尽管因为一些原因，我们未能来到燕园亲临胜地，但短短几天的线下活动也一次又一次地让我们感受到震撼——灯光璀璨的联谊晚会，精彩纷呈的学术讲座，妙趣横生的地方参访……在与来自北大的学长学姐深入交流后，我突然意识到，北大之所以为北大，固不只是因为"一塔湖图"的胜景，更重要的，是在于人——北大人身上共有的那种严谨却不失活泼、实干而不失情怀的气质与精神。

从暑期学堂返回的夜晚，我目不交睫，《燕园情》的旋律在我耳畔挥之不去。我再一次坚定了自己前行的方向——我知道，"所爱隔山海"，但因热爱，"山海皆可平"！

拼搏与追梦

方向已经确定，我唯一能做的，就是向着光奔跑。但追梦之路却不平坦，或许，每个华丽蜕变前，都要经历"三重境界"的考验吧。

"昨夜西风凋碧树，独上高楼，望尽天涯路"

度过相对顺利的高三上学期，还沉浸在蝉联年级第一的喜悦中的我，却在不知不觉中跌至谷底。失败与挫折接踵而至：先是自己格外看重的八省联考成绩不尽如人意，接着是一模遭遇滑铁卢，再然后是二模的翻盘失败……一次次的意外失败令我不知所措。我突然觉得自己像一个舵手，在已可望见彼岸时，却因突如其来的狂风迷失方向，偏离航道，陷入黑暗与迷茫。

"衣带渐宽终不悔，为伊消得人憔悴"

我知道，迷茫无济于事，唯有主动追寻方向，方能找到出路。痛定思痛，我开始在心态和学习方法上逐渐调整自己，从或喜或悲的情绪波动中解脱出来，专心致志、脚踏实地地投入最后的复习和备考。老师和父母也给了我莫大的帮助，他们会及时疏导我心理上的障碍，为我解决学习上的困惑，助我渡过难关。

　　于是，课间的教室里，多了一个埋头刷题的我；晚饭后的操场上，多了一个慢跑解压的我。

　　我知道超越自己难上加难，但我在笔记本上写下"越是逆风，越要翻盘"；我知道"所爱隔山海"，但我写下"吾心信其可行，则移山填海之难，终有成功之日"作为自己的座右铭。当挑灯夜战的我感到疲倦时，书桌旁那些印着燕园风物的明信片总会让我打起精神，然后继续为美好的未来而努力。望着明信片上古色古香的西门、静谧的静园，心潮澎湃之余，我会百般专注地投入学习中。或许，看得见终点的奔跑，会让人更有动力吧。

　　"众里寻他千百度，蓦然回首，那人却在灯火阑珊处"

　　高考的前几天，我变得异常平静。我知道，三年的付出赋予了我足够的实力，我唯一需要做的，就是把高考当成舞台，淋漓尽致地展现自己。

　　出分那天，我同样平静地接受了这个令自己满意的分数。三年的磨砺不仅锻造了我的能力，更让我拥有了"宠辱不惊"的心态。但也是到了这一天，我所有的汗水与泪水都化作了成功的果实，助我实现了留存在心中的梦想。

　　走进燕园的日子越来越近了，收到录取通知书也已半月有余，但翻开带有木刻"大学堂"字样封面的通知书的那一刻，心中的微漾，却会永远铭刻在我的生命中。三年的高中生活终于尘埃落定，或许在外人看来我的高中三年顺风顺水，但只有我自己心里清楚，看似平淡如水的历程背后，是我起起伏伏的内心和不曾改变的梦想与努力。

"过去未去，未来已来。"那一幕幕时常徘徊在我脑海中的场景，终于从曾经遥不可及的幻想，变成了即将成真的现实。或许在某个清晨，我可以迎着绯红的云翳，漫步于碧波荡漾的未名湖畔；或许在某个夜晚，我可以在金色灯光闪烁的博雅塔下，思考古今中外社会前行的规律；或许在某节讨论课上，我可以感受来自全国各地优秀同学们的思想交锋；或许在五四体育场上，我可以用奔跑的身姿，印证"完全人格，首在体育"中的人文情怀……

终于，与燕园相遇。更在这里，与一个更好的自己相遇。

结　语

在校友会的新生欢送会上，一位前辈的话让我印象深刻："北大有两'好'，即好吃、好看；北大人也有两'好'，即好思、好'斗'。"的确，这是一个拥有无限魅力、给人无限可能的地方。"北大是极广大的"，在这个拥有海纳百川、众流激汇的气度的地方，每个人都能找到适合自己的方向与发展路径，书写属于自己的传奇。

学堂门启，未来可期。走进北大，就是推开了一扇通往理想和知识的大门，从此未名湖畔宜聆教，博雅塔下好读书，英杰际会报家国！

☀ *TIPS*

❶ 我知道，迷茫无济于事，唯有主动追寻方向，方能找到出路。痛定思痛，我开始在心态和学习方法上逐渐调整自己，从或喜或悲的情绪波动中解脱出来，专心致志、脚踏实地地投入最后的复习和备考。

❷ 当挑灯夜战的我感到疲倦时，书桌旁那些印着燕园风物的明信片总会让我打起精神，然后继续为美好的未来而努力。望着明信片上古色古香的西门、静谧的静园，心潮澎湃之余，我会百般专注地投入学习中。

❸ 高考的前几天，我变得异常平静。我知道，三年的付出赋予了我足够的实力，我唯一需要做的，就是把高考当成舞台，淋漓尽致地展现自己。

寻 梦 记 事

学生姓名：张伊杨

录取院系：光华管理学院

毕业中学：陕西省西安高新第一中学

说起"梦想"，我不禁想起三年前在异国他乡独自求索的时光。那段时光很孤独，同学的淡漠将我包围，让我常常失落彷徨。下午三点放学后，我总是搭上地铁，到查尔斯河对岸的剑桥、哈佛和麻省理工的校园走一走。当我欣赏着秋日里庄严宁静的古老建筑、聆听着穿越时空的学术声音，那些小小的沮丧和落寞竟消失得无影无踪。那时我知道了"大学"是安放思想的地方，只有思想才能真正给人以尊严和自由。从那时起，去寻找广博的天地、去追求思想的自由，就成了我的小小"梦想"。

　　追寻的脚步总是孤独的。从美国回来，信心满满的我选择了竞赛这条路，但却被数学、物理、化学成绩狠狠地打了脸，自尊心跟着全线飘红的成绩单一同掉在地上，摔个粉碎。那段时光是灰色的，夹杂着沉重的挫败感、妒忌者的议论、幸灾乐祸者的嘲讽，回想起来这些，我的内心总是久久无法平静。只记得某节失败的实验课后，穿过长廊，听见一个苍老的声音在另一间教室里讲政治课，初夏的风只送来一句："现在我们教育最大的问题，是学生缺乏对社会的关注。"

　　这个声音唤醒了我内心深处的某种渴望，让我在那一瞬间更改了旅途的轨迹。我做出了一个惊人的决定：转文科。

这个决定足够惊世骇俗。整个高一，我没有上过一节政治、历史、地理课，甚至连文科学科的课本也没有翻过一页。况且，在"沉没成本"如此高的前提下，要中途转型，谁有那么大的勇气？

事实上，当我在分科意向表上写下"文科"二字的时候，一颗名叫北大的种子就已经在心里悄悄发芽。彼时对"北大"只有一个模糊的概念，只知道她是中国最好的大学、几乎是每个文科生最向往的地方。我想，她一定足够大，能赋予我尊严和自由，能让我实现在查尔斯河畔许下的诺言。如今回想起来，即使如那时一般落魄的我，也从未有过"如果考不上北大会怎样"的念头——我知道，我要去北大，我配得上北大。

高二转入文科班。也许是文科生心思细腻，也许是班级竞争过于激烈，也许是"自幼假充男儿教养"的我无意间得罪了人，班级的环境对我并不友好。比别人少学了一年的我在第一次考试中的成绩竟居于前列，自那之后关于我的风言风语一直没断过。即使是偶然写成的高分作文、精心准备的课前演讲，也成了"为人狂傲"的证明。压力过大加上由此发端的暴饮暴食，使得我的身材严重走形，一向颇为"自恋"的我再也没有勇气站在镜子面前。

但也许是天性倔强的缘故，这些挫折将我摔得越狠，我的"反弹力"就越强；环境对我越不友好，我对自己的期望、对梦想的认知反而越发明晰。现在想想，大概因为我心里的目标很明确，前行的脚步很坚定，所以顾不上理会那些冷言冷语。我知道"寄言燕雀莫相啅，自有云霄万里高"，既然我是翱翔云天的鹰，怎么能被燕雀的嘲讽束缚住翅膀？

那年8月，我终于看见了我的"云天"。我已记不清徘徊于未名湖畔是如何惬意，等待博雅塔亮灯时是如何激动人心；却记得当我写下"即使在果壳里，我也依旧是世界之王"的作文结尾的欣喜，记得于淼杰教授的讲座为我打开了经济学的大门。我知道，我已经将心迹写在试卷上、将脚步留在燕园里；我知道，在北大学经济就是我的抱负和追求；我相信，北大懂得，北大值得！

从北京回来，一切重新开始，我猝不及防地进入了高三。我至今还常常梦见高三的教室，梦见那种每一根神经都被磨得纤细的焦虑感。尽管高二一时拔尖，但我却并不是个擅长应试的人，选择错得让老师"赞叹"，大题永远答不到最关键的点，在应试氛围浓厚的文科班，我显然是个不折不扣的"异类"。我开始将"PKU"写在目所能及的所有地方，开始笨拙地相信"心诚则灵"，但更重要的是我转变了思维方式和学习方式，为了高考纯粹地努力！

高考成绩出来后的第三天，我去看望高三的老师。当我告诉政治老师我报了北大的光华管理学院，他竟比我更激动、惊喜，不停地重复着："太好了，太好了。"他说，像你这样的学生，如果因为不会应试而不能去到好的学校学习，那高考就太不公平了！

我笑了笑。我自己知道，这一路走来，我确实吞下了许多不公和委屈，但比这些更重要的是收获。因为挫折的敲打、磨砺，我学会了隐忍，这本身就是撑起未来的最坚实支柱。正如穿越荆棘才能看见玫瑰，历经苦楚酸涩，我才有资格收获在剑桥的巷陌、在"一塔湖图"的圣地种下的梦想。"湖光塔影赏不尽，担簦负笈许重来"毕竟不是一句诳语。

我明白，当我走进北大、走进光华的大门，我不得不面对地区发展差异带来的差距，不得不经历一次次的心态重建过程。我希望当四年后走出燕园的怀抱时，我已经有了足够的勇气和自信面对这如风雨般飘摇的人生。

北大，你好！我来了。

☀ *TIPS*：

① 但也许是天性倔强的缘故，这些挫折将我摔得越狠，我的"反弹力"就越强；环境对我越不友好，我对自己的期望、对梦想的认知反而越发明晰。现在想想，大概因为我心里的目标很明确、前行的脚步很坚定，所以顾不上理会那些冷言冷语。

② 因为挫折的敲打、磨砺，我学会了隐忍，这本身就是撑起未来的最坚实支柱。正如穿越荆棘才能看见玫瑰，历经苦楚酸涩，我才有资格收获在剑桥的巷陌、在"一塔湖图"的圣地种下的梦想。

19

梦校·逐梦人

👨‍🎓 **学生姓名：** 魏敬轩

🎓 **录取院系：** 元培学院

🏛 **毕业中学：** 陕西省西安市铁一中学

⭐ **获奖情况：** ● 第 35 届中国化学奥林匹克（决赛）金牌

兴至 · 梦圆

关中的六月，骄阳炽烈。在40度的气温中，电脑也像街上的人一样无精打采，缓慢爬行，不过我还不能关掉它，因为高考已过近一月，今天恰是查分的日子。

关闭网页，打开，再刷新，我重复着数十万同龄人同样重复着的手腕动作，但网站却迟迟不肯加载成功。焦急的等待持续了半个小时，页面上的404突然间变成了一个红头的表格。我的目光第一时间聚焦在了分数栏，白底黑字的分数跃入眼帘。

我愣了一秒，然后一声大喊把面前的电脑"吓"了一跳。

很快，我接到了北京大学陕西招生组的电话，然后带着不真实感坐到了志愿填报室。当招生组学长引导我将元培学院选入第一志愿，并点击提交时，我眼前一花，仿佛看到了三年前的自己。

初窥 · 梦始

那时的我，刚填报完中考志愿，对即将到来的高中生活充满好奇。

暑假里，我第一次听说竞赛培训这个词。看着招生教练在台上侃侃而谈竞赛学习的故事，展示往届学长获奖时快要溢出屏幕的放肆笑容，列举通过竞赛走进北京大学的学生名单时，我心中的某个开关被触动了。作为一个铁杆的理科生，我对富有挑战性的知识毫无抵抗力，竞赛之于那时的我，就是一条迷人而危险的小径，它可以带我走向暂时未知但充满诱惑的未来。

高中开学竞赛报名时，想到初中时我在实验室的如鱼得水，化学课上的放荡不羁（不听课偷看竞赛书），我毫不犹豫地在化学一栏写下了自己的名字。

首历 · 梦沉

桌上的日历一页一页翻过，化学竞赛所用课本也从"有机化学基础"变成了"基础有机化学"。

当竞赛课停留在高考拓展阶段时，我信手拈来，优势明显。小小的领先让我产生了自信，我在其后的课上经常不认真听讲，并且沾沾自喜于还不错的模拟成绩，在别人看进阶书的时候仍旧裹足不前。那时的我意气风发，仿佛北大已在朝我招手，保送也是唾手可得。不知不觉间，我原本的领先优势被蚕食殆尽，更可怕的是，当时的我竟没有意识到自己已经落后。

事实是残酷的。第34届初赛，我拿到卷子的那一刻，自信被击得粉碎。那一年卷子上的计算题几乎全军覆没，有机题因为没看书完全没法下手，赛前憧憬着"高一省一"的光明未来，结果却吞下了首战失利的苦果。那些平时模拟考试排在我后面的同学纷纷拿到省里的一等奖，我却为自大和轻敌付出了代价。

初赛完的一段时间里，世界在我眼中失去了颜色。我"国初"的成绩在同学们之中排倒数，模拟题里30分的有机题，别人能拿20+而我却只拿了10-。我仿佛失去了学下去的动力，看见有机题就跳过，看见大计算就手软，次次模拟考试总比别人差着一道大题。久而久之，我已经忘了高一开学时的自己是多么意气风发地畅想着集训队的美妙生活，现在的我甚至认为自己连省队都进不去。

高二第一学期，竞赛收起了友善的面孔，露出了尖利的獠牙。沉溺在失败中的我，需要强心剂，需要动力源。

再战 · 梦醒

"总不能退竞吧！"我对自己说，"你早些时候做的化院梦呢？你要是觉得这个梦想太过遥远，以自己的水平完全无法做到，可以放弃；可是看看教室后面的化学竞赛英雄榜，你又比上面的学长差在哪里？梦校不是挂在嘴边说的，你要做出点行动来，让自己配得上北京大学这个期待！"

冬去春来，成为专职竞赛生的我慢慢沉淀。知道自己计算弱、有机差，那就要想办法补上缺陷。于是，我捡起了沉寂许久的改错本，建立了低级错误整理制度，写了一份份周总结和考试反思。算不出来的题，在本子上算到会为止；人名反应题，在看书的同时旁批，不仅要写出机理，而且要写下想法。

又一个集训的暑假，燥热的蝉鸣里，我与书本和真题斗智斗勇。看书，做题，考试，改错。某一天，当我在化学人名反应书籍的第一页写下"有机化学终于不那么菜了"的时候，我的有机得分已悄悄逼近25分。再一天，当分析化学笔记完结，我的计算也达到了中上水平。窗外的树影划过试卷上的单斜晶胞，不经意间抬头，省赛的倒计时变成了一位数。

第二次省赛如期而至，教练的嘱托还在耳边回响，准考证在手中被汗微微浸湿，我看着面前教学楼上"第35届中国化学奥林匹克竞赛（初赛）"的横幅，回身向家人招招手，然后和战友们并肩走入战场，迎接自己的高光时刻。

再战国初，嗯，我要进省队，我要拿国集，我要上北大！

回归 · 梦绽

如愿进入省队，决赛也一闪而过。一天半的焦急等待过后，我在手机上查到了自己的决赛得分——一个不高不低的分数，金牌能拿到，想进入集训队的话，分数差得有点远。

有遗憾，但是没时间唉声叹气。楼上高考的同学们第一轮复习都快结束了，我还得捡起大半年一眼没看的高考复习，迈开步子追赶高考课的进度。

尽管高三后半年我没命似的冲刺，受困于落后太多的学习进度与少得可怜的练习量，我的模考成绩一直不尽如人意。翻看往年北大强基分数线，心里的忐忑从未放下。在我好不容易补完了数学和物理的课程时，离高考的到来也只剩下一个月的时间了。

高考倒计时步步紧逼，我把刷题强度提到了前所未有的水平。在那些被理综淹没的日子里，我在学校发的加油卡片上一遍遍地写下"我要上北大"，时不时打开金秋营时自己与北大的合照。这个从初三延续的梦，终究在最艰难的时刻支撑着我，让我没有倒下。

燕园 · 梦行

一个名为"北大"的梦穿过斑驳的高中记忆，度过自信十足的高一，走过奋力改变的高二，抵达水到渠成的高三。梦校不仅是用来仰望和幻想的，它的存在可以让你明白自己所学为何，并在追寻它的过程中完善自己的生命价值。

如今，我走进燕园，一年前金秋营时与校门的合照以后能以同样的角度照很多张。不过，我将永远怀念高中三年的筑梦之旅，怀念实验室晶莹剔透的烧杯试管、桌面几乎人高的模拟试卷、课间盯着书签话语的胡思乱想、金秋营傍晚北大西门外的散步时光，怀念那些努力、幻想、汗水、期待。

> 我赴梦校而来
> 便不顾一切奔跑
> 振翅滑过青春的天空
> 云层破开的印记
> 是我逐梦的见证

TIPS

❶ 梦校不是挂在嘴边说的，你要做出点行动来，让自己配得上北京大学这个期待！

❷ 有遗憾，但是没时间唉声叹气。楼上高考的同学们第一轮复习都快结束了，我还得捡起大半年一眼没看的高考复习，迈开步子追赶高考课的进度。

❸ 在那些被理综淹没的日子里，我在学校发的加油卡片上一遍遍地写下"我要上北大"，时不时打开金秋营时自己与北大的合照。这个从初三延续的梦，终究在最艰难的时刻支撑着我，让我没有倒下。

20

做好平凡的自己

👨‍🎓 **学生姓名**：肖博文

📋 **录取院系**：信息科学技术学院

🏛 **毕业中学**：华中师范大学第一附属中学

⭐ **获奖情况**：
- 2019 全国中学生物理奥林匹克竞赛省级二等奖
- 2020 全国中学生物理奥林匹克竞赛省级一等奖

当我写下这封信时，我感到自豪而幸运。我幸运自己即将进入期盼了许久的北大，与来自全国各地的优秀同学为友，我幸运自己没有辜负家长和老师的期待，我也幸运那无数个含着泪、咬着牙与平凡的自己作抗争的日夜成了那束照亮我梦想的光。在此，我想就我自己的经历谈谈对高中学习的看法，也向各位向往北大的学弟学妹们送上我最真诚的鼓励与祝福。

我曾有过这样的经历：作为一个踩过坑的物理竞赛生，我在高一时把绝大多数的时间都用来准备竞赛了，导致综合课程的学习时间几乎为零。后来高二初在复赛中虽然拿到了一等奖，名次也不算低，但最终还是没能进入省队。我感觉那时的自己处于谷底最黑暗的时刻：竞赛的打击、综合课程的压力、强基政策的出台，每一项都让我喘不过气来，让我越来越看不清自己的梦想。也正是在这个时候，我选择了退出竞赛，回归综合。这次放弃，有不甘、有无奈，却也有一份解脱。我心里有个声音告诉我，跳出这种让你惶惑的生活，不去奢求竞赛、综合两手抓的美梦，踏踏实实地学好一样才是你能做到的，也是你真正想要的，因为你只是一个普通人。

这也正是我想说的第一点：学会站在自己的位置理性地判断自己

的需要和最现实的做法，而不是无脑地模仿跟随别人，或者一味听从他人的建议。我同意人人生来平等，但别人能做到的，我们真的就也同样能做到吗？不见得。有人初中甚至小学就开始接触高中竞赛，有人初中就学完了高中的数学、物理、化学等课程，有人初中考了雅思、托福，在这种参差不齐的起跑线面前，很难说每个人都能到达同样的高度。我们有时候只是需要承认别人在那个方面的确做得比我们好，而我们也将在适合自己的方面闪光。所以学习过程中切勿急躁、贪心，更不能有忌妒、攀比之类不好的想法。静下心来好好想想自己需要提升的是什么，然后尽自己所能去完善自我，一心一意地做好自己认为正确的事情就够了，没有人能够什么都做到。

比如，在高三最后冲刺阶段，有不少同学会选择猛刷数学、物理、化学和生物学科的题目来提高稳定性（指理科学生）和熟练度，如果你处于这种环境中，你会怎么做？我认为保持理智很重要。我在那个时候就分配了较多的时间在语文和英语的学习中，不是因为我的理科有多强，而是因为我知道语文和英语是我的短板，是我可以提升的地方。其实高考和竞赛不同的地方也就在这里，在高考中更强调均衡发展，不是某一科尤其突出就会成功，所以我们一定要结合自己的情况去判断自己到底需要什么。只要我们愿意多动动脑筋，去更主动地支配自己的学习，那么短板不会是永远的短板，至少在高考中是如此。就像我一向头疼的语文和英语在最后的高考中取得了不错的成绩。其实很多同学刷理科练习题的原因是自己在下意识地偷懒，因为对于他们而言高考的数学、物理、化学和生物题做起来要比语文和英语题轻松不少，所以才宁愿一遍一遍做着重复的题型，也不愿去直面自己的短板，最终提升的空间相当有限。当高考的实际难度超出预想时，那些发展得比较全面的同学优势就很大。因此我们要理智地找准发力点，才能让手中的球飞得更远，落点更准。

我还有这样的经历：高二的时候抱着试一试的心态报名参加了中国科技大学少创班的招生考试，结果考上了。当时的我很纠结，特别是当周围一起考上的同学们都打算进入少创班时。一面是进入大学，开始一段新奇的旅程，还可以躲过残酷的高三生活；而另一面却是彻底违背自己的初衷，偏离设定的航道。为了离"北大"的目标近一点，我选择了留下。当我进入高三，在各次联考和常规复习中忙得不可开交时，竞赛成绩出炉了。看着原先一起学习的同学保送进中科大，开开心心地收拾书包回家，再看看自己每日忙碌的学习生活，内心确实是羡慕，而且还有点失落。于是我又陷入了迷茫。我想，如果我当初选择了中科大少创班，如果我当时没有退出，是不是现在也可以和他们一样？我是不是做出了错误的选择？

这是我想说的第二点：要沿自己选择的路、自己认为正确的路坚定而又自信地走下去，哪怕路边的诱惑再多，那也不会是我们的归宿。事实上，我一直坚信只要心中有方向，就不会偏航。一路走来，我们会面对很多质疑，就像我退竞时有人说一年的空缺不可能补上，我放弃中科大少创班时有人质疑我综合成绩并不突出，不应该执意高考。但这些都不影响我每天开开心心地做好自己该做的事，而现在成功圆梦北大，也是彻底击碎了这些质疑。做自己真正想做的事，才会让每一天都充满动力与激情。篮球巨星科比说过一句话："你每天早上醒来，都可以脱口而出：'我就是要做这个。'"高考也好，竞赛也好，如果这是你心中向往的方向，就值得一试。

以上的经历可以归纳出两点：理性与坚定。但需要说明的是，所谓理性，并不是每次都遇难则退，再用自己"能力有限"的说辞蒙混过关；而所谓坚定，也不是固执己见，不撞南墙不回头的蛮干。这两者应该结合起来，在理性中有坚定的意志，在坚定中也有理性的判断。这中间的度需要学弟学妹们自己把握，我把握的方法是确保自己做好两点：

每天都有进步，以及不给自己留遗憾。

下面介绍一些学习方法。

自律。不用多说，学习靠自觉。无论在什么情况下，做到收放自如才会让你的学习高效而扎实。建议大家戒掉手机和小说，用别的事帮助自己转移注意力。我个人采取的方法是多锻炼，比如跑步、打球之类。

反思回顾。学习不是只有刷、做、练，我们还应该学会归纳总结。一张试卷，一次作业做完后，一定要花点时间分析错题。是以前犯过的错吗？那就把这些自己多次犯迷糊的地方单独整理，打上显眼的记号，提醒自己。是新的易错点吗？那就品味出这道题的精华所在，总结出来记下来（可以分条写在作业本上方的空白处，既免了剪题的麻烦，又可以在复习时一目了然）。是知识盲区吗？那就要考虑及时询问老师或同学。总之每种问题都有对应的解决方式，不要错过这些提升自己的绝佳时机。另外，我建议同学们养成每天睡前回顾一天收获的习惯，把每天学到的知识在脑海里过一遍，这样会记忆得更牢固。

计划安排。高三时间其实过得很快，充分利用好每一天会帮助我们成功。比如当我发现导数大题总是做不出来时，我会安排一个星期去归纳复习资料上导数部分的解决方式，并自己找题练习，当然这个时间并不绝对，可以根据实际情况做出调整。每天我都会安排时间完成两篇英语阅读，来达到将英语的学习分散到每一天的目的。我也尝试过将时间强行分割成六大块，并在那段时间里专心攻关六科中的一门，那样安排时间就可以有更连续的时间进行较大强度的训练。时间安排的方式有很多，每个人都应该有制订适合自己的计划的习惯。

说了这么多，其实也只是我个人在高中阶段体会到的粗浅的经验。作为走过高考独木桥的人，我想对还在路上的每一个人说：平凡的我们无须刻意高大，做最真实的自己，走好每一步，青山可望，未来可期。

TIPS:

❶ 这也正是我想说的第一点：学会站在自己的位置理性地判断自己的需要和最现实的做法，而不是无脑地模仿跟随别人，或者一味听从他人的建议。

❷ 所以学习过程中切勿急躁、贪心，更不能有忌妒、攀比之类不好的想法。静下心来好好想想自己需要提升的是什么，然后尽自己所能去完善自我，一心一意地做好自己认为正确的事情就够了，没有人能够什么都做到。

❸ 这是我想说的第二点：要沿自己选择的路、自己认为正确的路坚定而又自信地走下去，哪怕路边的诱惑再多，那也不会是我们的归宿。事实上，我一直坚信只要心中有方向，就不会偏航。

21

少年携自信，时光酿稳重

- 学生姓名：周睿
- 录取院系：光华管理学院
- 毕业高中：福建省三明市第二中学
- 获奖情况：
  - 第 37 届全国中学生物理奥林匹克竞赛（省级赛区）二等奖
  - 第 34 届中国化学奥林匹克竞赛二等奖

高考后，有人问了我这样一个问题：长期以来，你一直不懈努力的内驱力是什么？听完这个问题后我脑子竟是一片空白。这个问题让我思考良久，是啊，拼搏了那么久，我竟然不知道自己到底为什么而拼！回溯时间的长河，我从过去寻找到了答案，即稳重的自信。

　　稳重的自信，是年幼时的那一份自负经过时间的打磨，棱角磨去后的精华。年幼的我们想必都曾立过鸿鹄大志，吐过凌云之语，怀揣着一颗炽热的心，拥有着一串独特的梦。只是有的人在往高处飞翔时，耐不住高寒低氧的环境，只渴求找根树枝歇息而屈于安逸；而有的人历经千山万水，向往高处的信念之火不曾熄灭。岁月流转，后者的身上褪去了年少时的无知与轻狂，武装了成长后的见识和稳重。曾经的那份自负已然洗去杂质，化为一份稳重的自信，深深地埋藏在心中，与自己青春的心脏一起跳动。有了精确的定位为基，强大的气魄为辅去奔赴山海，就具备了过硬的实力来护航、不竭的冲劲来供能。

　　人都有梦想，都会成长。在分别通向"安逸的树枝"和"不熄灭的信念"的岔路口上，是挫折和略微的自负，让我选择成为了后者。是挫折这把刀，从丑陋的"自负"中雕琢出精华的"自信"；是挫折这根弹簧，让我积聚势能、蓄满动能，始终坚持着向上的信念。

认 清 定 位

学习过程中遇到的挫折，大多是一种反馈。它可能是一面镜子，叫得意忘形的人定睛，好好看看自己的"形"；也可能是一记棒喝，逼我们改变自己的学习方法和时间分配。这种反馈，一言以蔽之，即让我们认清定位。

进入高中的第一个月，我对自己的定位很不清楚，完全按照初中的方法学习，时间分配随性、学习态度浮躁。第一次月考和开学考的成绩相比，落差十分大。当时的成绩远远没达到我的预期，在失望的同时，心底里的要强让我再度提振精神，立志上演"逆袭"！

悲伤过，懊悔过，痛定思痛——我深刻分析和反思了过去一个月学习上的缺点，并且开始大胆地"摸着石子过河"，探寻学习的方法。一个月后，机会还是青睐了我，此前我的电能"连本带息"地悉数转化为了我的动能。这如当头棒喝般的挫折，不仅让我及时找准了自己的定位，对症下药、作出决策，而且让我对学习过程中的起伏有了更为成熟的应对方式，学会了不断地调整和革新。

稳重的自信

一、"稳"，即坚实

自信的一个重要组成要素，就是自我批判。所谓自我批判，其基础就是拥有正确的认知，并且以客观的、建设性的眼光去发掘自己的优缺点，正视自己的不足并且加以改进。而自信贯穿于学习的过程，因此必须利用好批判，合理地定位能力和预期。自我批判是"稳重的自信"的前提，也是正确决策的基础。

人生的曲线不会时时单调，有波峰就会有波谷。波谷的窒息感催使我们要向往高处，但身处波峰并不等同于永居安逸。其实并无所谓的顺境和逆境，身处顺境还是身处逆境，完全取决于我们自己的心态。所以在人生的每个阶段，自我批判、认清定位并作出改变都应不断上演着。如果人生只会被逆境的轱辘推着向前，那其背后的思想逻辑是悲观的，这样的人生并不是我们想要的。真正积极上进的人应是在顺境中发现问题的人。有时没有发现问题就是最大的问题！逆境只是教会我们发现问题，若想在顺境中发现问题，则需要我们自己教会自己！

新高考摆脱了固化的考试模式，注重对素养和思维的考查。为了回归本源，我按照知识板块重建知识框架，重推各定理定律和二级结论；为了启发思维，我尝试一题多解，并且给自己编了数十道压轴题；为了发现问题，每场考试后，我都坐下来对着试卷、答题卡和草稿纸冥想，还原当初的考场状态，并在答题卡上找到考场作答时的漏洞，在草稿纸上见证考场思维的各种扭曲。面对这场应对新高考的"遭遇战"，所幸我及时定位了能力，定位了预期，通过不断地反思和调整才为自己换来了些许主动。

我没有超人的智慧，但我有不错的反思和决策能力。决策的前提是自我批判，所以独处时，我最经常做的就是和心中的那个我"对话"。自我批判发现问题后，至关重要的是理性决策。理性决策要考虑诸多因素，比如对现状和预期的认识和敢于改变的胆识。这时候，你自己是你自己的"决策机关"，你的一切是由两个"你"掌控的——一个"你"用于实践，另一个"你"用于决策。整个高中的学习过程，就是反复做

"决策－检测"实验的过程，经过一次次的实验，我们摸索出了适合自己的道路，并由此启航。

二、"重"，即坚定

"重"字，强调在充分认识自己的能力和积极肯定自己的基础上，发自内心地、深沉坚定地感到自信。有坚定的自信心保驾护航，我们才可以更稳健地驶向梦想的彼岸。正如前所述，所谓顺境和逆境都是自己所认为的。在顺境时，想乘势而上的自信，人皆有之；但在逆境时，保持强大的"逆境心态"并不是人人都有的。因此，逆境心态显得尤为重要。

在高一的时候，我幼稚过一回。由于预习过高中物理课程，所以在校园学习中的学习态度浮躁，对知识一知半解，赢在了起跑线上，却输在了终点线上。这导致我对于很多力学问题理解得并不透彻（这就是带有棱角的自负），加上作为班长的我曾有一次没写作业，被我们的物理老师当众狠狠数落了一番，我觉得非常没面子。从此以后我不仅很讨厌那位物理老师，而且高一所有的物理课都基本没听。因此，我的物理成绩也一直在拖我的后腿，并且力学基础极其薄弱。

上了高二，我们换了一个物理老师，但起初的我还是对物理充满了恐惧——全新的电学领域仍充斥着力学的"狞笑"。虽然带有害怕，但想借助这个机会"弯道超车"的我每天都在这样给自己心理暗示：你惧怕的东西，并不是你遇到一次，就绊倒你一次，而是你遇到一次，就变强一次。就这样，我珍惜与力学这块"绊脚石"的每一次相遇，并尽力将它踩在脚下。经过一点一滴的努力，我的力学短板最终得以补齐。高考时，我物理拿到了曾经做梦都不敢想的98分（满分100分），回望物理学习过程中的坎坷起伏，我真想对自己付出的努力，还有当初强大的"逆境心态"说千万句感谢。

三、"自我批判"并非"自我怀疑"和"自我否定"

我们需要反思，但不是天天开"检讨大会"。

在应对新高考的"遭遇战"中，自我批判是我的无上法宝。但是我曾经不小心走到了它的反面——自我怀疑。长期用过于理性的眼光看待自己的能力，久而久之这份理性便带上了"冷气"，使得我在审视自身的时候总带着怀疑的态度。这并不是理性出了问题，而是我的出发点出现了偏差。自我批判是积极性的，它背后的思维逻辑是乐观的；而自我怀疑和自我否定是消极的，它是悲观主义的运行结果。当我开始走向自我怀疑时，我能够感受到自己心中的那份自信有所削弱，"走下坡路"才是这种思维逻辑下的合理产物，倘若进步了，那只是暂时性的幸运。

就在高考前一个月的市质量检测考试，核对答案前我感觉自己已经充分发挥了，而结果却事与愿违：所有科目的成绩都低于我的预期值。高三后期的起起伏伏，加上这次的"降维打击"，让我开始怀疑自己的能力，开始怀疑自己的定位——我已经没有资格"华山论剑"了，最好还是接受自己能力已经"盛极而衰"的事实，让自己好过一些吧。平时阳光开朗的我，那段时间的脸上蒙上了浓浓的阴云。幸好，有同学的开导，有父母的安慰，有老师的鼓劲，才让我勉强收住自我怀疑的念头，做好最后的冲刺准备。高考时，还是那份稳重的自信救了我。高考第二天的晚上我彻夜失眠，第二天根本打不起精神来，在这"背水一战"的时刻，我的逆境心态告诉我：一整晚没睡的你，今天要是考好了，你可以吹一辈子！在第三天上午的化学考试中，我调整到了有限条件下的最好状态，不留遗憾地考了97分。

是啊，人生这么美好，有什么值得怀疑的呢？

高考结束的那天晚上，电话那头，老爸说了一句话："爱笑的人的运气从来都不会差的。"我听后，热泪盈眶……

奔涌的后浪们，我祝你们经历风雨见彩虹，祝你们闯过隘口见平川；祝你们在披荆斩棘中迈出追梦步伐，在奋勇搏击中激扬青春力量。羡子年少正得路，奋楫扬帆正当时！愿你们能携一份稳重的自信出发，奔赴属于你们的山海！

☼ TIPS：

❶ 人生的曲线不会时时单调，有波峰就会有波谷。波谷的窒息感催使我们要向往高处，但身处波峰并不等同于永居安逸。其实并无所谓的顺境和逆境，身处顺境还是身处逆境，完全取决于我们自己的心态。所以在人生的每个阶段，自我批判、认清定位并作出改变都应不断上演着。

❷ 真正积极上进的人应是在顺境中发现问题的人。有时没有发现问题就是最大的问题！逆境只是教会我们发现问题，若想在顺境中发现问题，则需要我们自己教会自己！

❸ 自我批判是积极性的，它背后的思维逻辑是乐观的；而自我怀疑和自我否定是消极的，它是悲观主义运行的结果。当我开始走向自我怀疑时，我能够感受到自己心中的那份自信有所削弱，"走下坡路"才是这种思维逻辑下的合理产物，倘若进步了，那只是暂时性的幸运。

22

筑梦燕园　从此起航

学生姓名：屈振华

录取院系：信息科学技术学院

毕业中学：甘肃省酒泉市金塔县中学

获奖情况：● 2020 年酒泉市优秀共青团员

　　　　　● 2017 年酒泉市三好学生

逐 梦 前 行

当金秋的微风送走了夏日的骄阳，一张红色的录取通知书传来了令人兴奋的消息：我被北大录取了！激动的心情贯穿了这个暑假的始终。回想起多年的求学历程，我用自己的亲身经历证明：天才是百分之一的灵感加上百分之九十九的汗水。我并非特别有天赋，但却靠着勤奋努力和顽强意志，让自己获得了踏进燕园的宝贵机会。

小学时期，我和其他学生一样，成绩平平，并不突出。我一度接受了这个"事实"，却从没有放弃努力提升自己的机会。我渐渐地找到了知识的乐趣，体会到了学习的奥妙。随着时间的推移，我经历了一次次的成功，学习能力也不断提升，成绩不断刷新，开始崭露头角。小学毕业，我进入全县前30名。升入初中，我的潜力得到了进一步的释放，找到了适合自己的学习方法，学习如鱼得水，成绩稳定在了年级前列。我坚持深度思考，喜欢刨根究底，由表及里。中考时我超常发挥，成为了全县中考状元。

当时，在我不知道的情况下，父亲为我报名了甘肃省西北师大附中，没想到我被成功录取。妈妈告诉我，在那所学校里每年都有好多学生考入我国的一流大学，如果我在那里就读，将有很大可能考入理想大学。也许是省城兰州离家太远，也许是我少不经事，我放弃了在西北师大附中就读的机会，最终选择回到家乡学习。但同时，我也在心中暗暗下定决心：就算在家乡就读，我也要考上一流大学！

遇见美好

2018年7月，我与爸爸妈妈到北京游玩时，特意参观了北京大学。与燕园相逢，漫步未名湖，这真是我生命中最美的风景，我顿时生出"今日何日兮，得与王子同舟"的欣喜。在博雅塔前我立下志愿：三年后，我一定要考入北大，成为燕园学子。为此我还专门买了北大记事本，郑重地写下了自己的誓言。此后，我与北大真正结缘，就读北大的梦想一直存在于心。

既然选择了远方，便只顾风雨兼程。对我来说，放弃更好的平台和优秀的教育资源，便只能更加努力地去提高自己。但事与愿违，踏入高中后我感到课程的难度陡然提升，与初中的课程有很大差距。但我没有气馁，进一步转变学习方式，各科都更加注重深度思考并认真钻研。面对一条定理，我会对其进行深度思考，从而发现它与其他定理之间存在的内在联系；面对一道题，我会认真思考答案，从而发现每一步的道理……我思考、记忆，将深度思考的成果转化为我自己独特的知识储备。这样的生活持续了一年多，每天的我都像打了鸡血一样，与知识为伴，与题目为友，无他，只为心中的理想能够实现。

然而，到了高三，我迎来了我的第一次低谷：在第一次模拟考试中我与市第一名的考试成绩相差了近30分，我深知在高中30分的差距多么难以弥补。这一次考试，我真正地认识到了我与高手之间的差距。我沉默了，觉得自己像一只井底之蛙，没有见识过真正的实力，直到下次考试之前，我的状态都处于低谷中。第一次，我对我自身的实力产生了怀疑，我是否真的能够完成我定的目标？我能否实现我的理想？那一个月，我深陷焦虑之中，每天胡思乱想，学习效率也逐渐下降，我似乎与我的梦想渐行渐远。直到一次我复习名言警句时，突然看到了尼采的一句话：谁终将声震人间，必长久深自缄默；谁终将点燃闪电，必长久如云漂泊。读罢，我感到自信的力量重新回到了我的体内。也许我本就不该怀疑自身的实力，我只是需要继续努力，慢慢等待破茧成蝶，毕竟山外有山，天外有天。从此，我走出了焦虑，摆脱了忧郁，而且通过这一个月的心理变化，我也懂得了心态可以对学习产生巨大的影响。在以后的学习中我注意调整自己的心态，尽量让自己保持良好的心态去学习。

慢慢地，我感到自己的实力在一步步提高。每次模拟考试，我都能与第二名拉开20分的分差，稳居第一。高考的前一晚，我在社交平台写下"以雷霆击碎黑暗"来激励自己。那晚我收到了很多鼓励的话语，那是家人、老师、同学对我的期待，我心生感动。

查到分数的那一刻，我欣喜若狂，多年的努力，终于有了回报。报志愿前，我接到了北大招生组抛来的橄榄枝："来北大吧！"这句真诚的召唤，使我如沐春风。当日，我立即动身，前往省城，万家灯火时，我下了火车，招生组的老师已在省城等候多时，见到他们，我感到很亲切。老师们像招呼家人一样，热情地带我们到招生地点，详细地介绍各专业情况，周到地安排我们的住宿。那一刻，我为北大选择我而高兴、激动。我也终于找到了自己新的归属，那一刻我觉得我是最幸运的。经过权衡，我如愿选择了自己喜欢的专业。

期 待 最 好

金秋九月，我带着父母的嘱托，踏上了新的征程。步入校园，一切都是那样熟悉亲切。也许，天才真的是百分之九十九的汗水加上百分之一的灵感，而我，虽然不是特别有天赋和灵感，却也挥洒了汗水，用努力改变了自我，实现了梦想。我深知，过去的我还不完美，还需历练，还需更加努力提高自己，这样才能赢得鲜花，赢得掌声。"雄关漫道真如铁，而今迈步从头越。"在更高的平台，我会不负韶华，砥砺前行，做一名更加优秀的北大学子，成就最好的自己。

☀ TIPS

❶ 既然选择了远方，便只顾风雨兼程。对我来说，放弃更好的平台和优秀的教育资源，便只能更加努力地去提高自己。

❷ 那一个月，我深陷焦虑之中，每天胡思乱想，学习效率也逐渐下降，我似乎与我的梦想渐行渐远。直到一次我复习名言警句时，突然看到了尼采的一句话：谁终将声震人间，必长久深自缄默；谁终将点燃闪电，必长久如云漂泊。

❸ 也许我本就不该怀疑自身的实力，我只是需要继续努力，慢慢等待破茧成蝶，毕竟山外有山，天外有天。从此，我走出了焦虑，摆脱了忧郁，而且通过这一个月的心理变化，我也懂得了心态可以对学习产生巨大的影响。

23

走在月明星稀的燕园路上

> 学生姓名：黄政

> 录取院系：光华管理学院

> 毕业中学：江西省抚州市临川第二中学

> 获奖情况：● 全国中学生数学奥林匹克竞赛（省级赛区）
> 一等奖

"未名博雅，家国天下。"思绪随文章慢慢铺陈的同时，记忆也渐渐回到了曾经。燕园，这个古朴但又富于诗意的名字，在我高中三年的画卷上浅浅勾勒，并最终留下了浓墨重彩的句号。她存在于百日冲刺目标的期许中，存在于同学们形形色色的明信片寄语里，存在于一次次与学长学姐醍醐灌顶的交谈中，存在于一个少年如三月草场一般无边无际的梦想里。高中三年的学习生活仿佛一场走在月明星稀的燕园路上的旅途，我在这次旅途中求索"囊括大典，网罗众家"的深奥，求索"思想自由，兼容并包"的广袤，走走停停，不知不觉中撞入燕园的怀抱。再度回首时，略微写下这些文字，既是过往，也是序章。

　　和燕园的初次邂逅，始于12年前的平凡的一天。一次北大之旅，推开了这条路上的第一扇门。时至今日，已经很难记得在博雅塔下和未名湖边留下了怎样的遐想，只留下了在光华楼前的些许记忆。12年的兜兜转转，我以新的身份重新站在了光华楼前，我知道，这不是这条路的终点，而是一条新的大道的起点。

　　渺远的梦想在少年心中埋下了种子。在高中的求学生涯中，我也慢慢开始追逐我的"燕园情"。"好在世间总有星辰开道，所以荆天棘地，也不枉此行。"高中生活有些枯燥，好在有那么多的小确幸让通往燕园的这条路如诗如画。一路向北，我从汤显祖、王安石笔下的江南水乡来到首都北京，征途浩漫，记忆美满。特别感谢我的父母、老师、同学，在这条路上始终与我齐头并进，在我掉队的时候引领我，在我偏航的时候指正我，他们是我走在这条路上最重要的指路人。另外，我还要感谢始终如一的自己，十年饮冰，难凉热血，不啻微茫，造炬成阳。

高中三年，说长不长，说短不短。六科的学习时有艰难，可心里怀着对未名湖畔微风中绿叶摇曳的憧憬，心中也多了几分坚定。犹记得和同学一起早起背书，迎着破晓的微茫书写梦想；犹记得自己独自深夜看书刷题，星星点灯，将无数的例题熟记于心中；犹记得和同学在繁杂的课业之余小憩，简简单单的放松却难以忘怀。一路上有狂喜，也有崩溃，五味杂陈的复杂构成这条路的主色调。现在回想起来，可能还会因为曾经的压力而痛苦，也可能因为偶然的释怀而会心一笑，无论何者，在这条路上的每分每秒，都是我的独家记忆。

高中的学习中，我对语文的学习最有心得。作为最简单而又最复杂、最普通而又最重要的学科，语文一直是我高中学习的重难点。回首过去，三年的语文学习是一首没有休止符的乐章，一以贯之，余音绕梁，既洋溢着阅读和探究的喜悦，也充斥着刷题和背诵的痛苦——高中语文的学习内容繁杂，学习的方法多样，虽然部分内容可以在高三一年速成，但是要想获得稳定的语文成绩，还需在平时苦下功夫，全面提升自己的语文素养。高中语文固然是以做题为导向的一门学科，但同时我们也应该怀抱着鉴赏的眼光和文人的情怀去学习，这样才能对各类题型驾轻就熟。

就学习内容而言，高中语文可以划分为现代文、文言文、古诗、语言文字运用、写作，其中写作和文言文最为考验同学们的日常积累，因而最好在高一入学时就开始积累作文的好词好句、名言及示例标题，并注意对素材进行分类，在不同的主题下积累不同的语用。另外还要注意积累文言实词（主要在平常做完文言文后对照翻译查找生词并记录，尤其可以将翻译题整句话单独记录），如果每天能够积累5条，那么坚持三年后，一般的题型都能迎刃而解。而现代文和古诗对理解能力的要求最高，平时要注意多阅读经典小说和古诗集，不断提高自己的鉴赏能力，在研读课内古诗时要掌握古诗鉴赏的基本角度和术语，同时掌握小说基本要素的写法，议论文的基本思路，然后在做题中总结背诵。语言文字运用是最容易得分的题目，在平日的学习中应注意每天积累一定数量的成语，同时需要掌握基本的书信格式以及谦辞、敬辞的运用，掌握好基础知识后，需要多做习题对知识进行巩固。

就考试技巧而言，高考语文无非四大模块——选择题，主观题，语言文字运用，作文。其中需要重点训练的模块即为选择题和语言文字应用。选择题的训练要时刻贯彻，保持语感，可以用选择题合集来进行练习，同时无论题的对错都需要理解题中的知识点并积累错误类型，积累变多后，正常选择题的出题套路就了然于心了。语言文字运用要重点关注填句题中的逻辑关系，在不断的积累中体会关键词的运用。

主观题空间较大、形式也更灵活，但我们依然可以以不变应万变，主要的套路便是先通过做题积累掌握每一种题型所需要的大致的套路和模板（如现代文就是情节、主题、人物、读者感受和环境），然后再积累特殊题目的特殊答题模板（如碰到分析人物形象的题型，分析以小见大或象征手法的题型），在答题时将二者结合，再多答一点作为保险，主观题的分数便可达到中上水平。

作文是语文学习的重中之重，包括审题和文采两个方面。在审题方面，技巧固然重要，但平时我们也要多积累不同的角度和观点并化为己有，在考试时便可信手拈来（但必须特别注意观点本身的合理性以及与题意的契合程度）。文采无非是成语、名言和句式（如排比、类比、分论点的一致性、引用古文，等等）的运用，这要求我们先要积累足够的词汇、语句等，多欣赏文采佳的作文，并模仿、运用佳作中的好词好句，如此循环往复，作文也能文思泉涌。

"在路上，我们永远年轻，永远热泪盈眶。"很感谢高中三年奋力拼搏的自己，让如今的我站在了燕园的大门前。如果要对自己或者学弟学妹们送上一句祝福，我想应该会是我在这条月明星稀的燕园旅途上一直最爱的一句话：追风赶月莫停留，平芜尽处是春山。燕园的确是我这段旅途上的一座春山，从曾经的春山可望，到如今的勇攀高峰，我相信心怀梦想，便可所向披靡；从翻过春山，到遇见未来的星辰大海，我相信这条路永远没有终点。路漫漫其修远兮，吾将上下而求索。

如今身处光华，视野变得更加开阔的同时，竞争也变得更加激烈。未来，希望自己可以不忘初心，如曾经追求北大一般追求自己心中的理想，无畏痛苦，无畏迷茫。"日月是不收卷的文章，山川为你掌灯伴读。"希望这条月明星稀的征途上，会有无限的美好环环相扣。

青衣长剑孤酌，夕阳骐骥无涯路。生而有涯，路也无涯。谨以此文，与未来相拥，与诸君共勉。

☀ TIPS

❶ 如果要对自己或者学弟学妹们送上一句祝福，我想应该会是我在这条月明星稀的燕园旅途上一直最爱的一句话：追风赶月莫停留，平芜尽处是春山。

❷ 未来，希望自己可以不忘初心，如曾经追求北大一般追求自己心中的理想，无畏痛苦，无畏迷茫。

24

一路奔跑，一路生花

 学生姓名： 简纵宇

录取院系： 法学院

毕业中学： 湖北省宜昌市长阳土家族自治县第一高级中学

星燧贸迁，寸阴尺璧，磕磕碰碰、苦乐交替中，我终于收到了北京大学的录取通知书。盛夏蝉噪，在接过录取通知书的那一刻，我的万千思绪涌上心头，却难以道明。这份录取通知书于我，既是高中三年汗水的汇聚，也是未来四年大学门扉的钥匙。回望这十八载光阴，一路奔跑，一路生花。

懵懂目标

——梦想与现实的交织

我出生在湖北省长阳土家族自治县的一座山里。或许正是因为从小生活在这山环水抱的环境中，初入高中生活的我，其实对未来并无太高远的憧憬。再加之中考失利的阴影如一团浓稠的阴霾，始终笼罩着我的心头。每天的我只是忙碌着，忙着完成作业，忙着应对每次的考试。

直到高二下学期，我与谭教授和四位当年考上北京大学的学长学姐进行了一次交流，我被那一湖一塔的景色所吸引，更为北京大学的综合实力所震撼。也许是在那时，一颗向往燕园的种子初次萌发，也是在那一次，我知道了北大人身上应有的学习习惯和使命担当。那时我暗下决心，想靠自己的努力考入燕园。那年我有幸参加了北京大学的暑期学堂，虽然那一年的暑期学堂转为线上教学，但院系讲座的知识让我受益匪浅，学长学姐讲述的切身经验进一步为我消除了前行的阴霾。

在有过这两次独特的经历后，我心中的那分期许逐渐升温。而后，电视剧《觉醒年代》的热播更是激荡起我冲入燕园的热情。

攀 山 击 水
——心之所向，素履以往

在高中的开学典礼上，赵校长的一句话铿锵激荡："生在大山不是我们的错，所以我们要努力走出大山，去看看外面的世界。"正是从那时起，奋斗与拼搏的底色渐渐铺陈在我高中的画卷上。

回眸这三年，欢乐与泪水交织，迷茫与希望相争。初入高中，母亲曾十分严肃地教导我："高中的每一门课程都必须认真对待，这样分科时才有选择的余地。"高一那年，我在9门课程中挣扎，未训练过的语文、看似简单却颇有难度的数学、初高中差异巨大的物理和生物，都令我颇为头疼。但在我的努力下，每科的成绩还算不错。我是一个各科成绩较为平均的学生，所以在选科时有些无所适从。在内心的一番挣扎后，我选择了我的初心。

春寒料峭，我们在上网课的日子里完成了分科组班。初次将重心放到政治、历史、地理上的我开始困惑于学习方法。那个学期的期中考试，我第一次考了全班倒数第10名。刷新最低纪录的名次似一记响雷直击头顶，我开始积极地调整状态，借鉴以前理科的学习方法，在背书与刷题的两面"煎烤"中走出了低谷。

高三一年，大大小小的考试轮番轰炸，稳住沉浮的心态是频繁考试的目的之一。面对轮番登场的月考、周考，我虽然想把每次的考试都做好，但终归会有不如人意之时。记得高考前的最后一次学校模考，数学试卷的难度很大，我的成绩果然创造了历史新低。在接到答题卡的那一刻，我的心凉了半截，本就对数学考试胆战心惊的我愈加恐慌。对自我学习方法的否定感、对原本遥不可及的高考目标的恐惧感、对付出时间却不得成效的无力感全部涌上心头。在数学老师幽默语气的劝解下，在多次的自我审视中，我慢慢用"文科生学数学就那个样子，做好最基本的，尽力多拿分"的观点来完成最后阶段的复习备考。幸而有如此文科生式的"摆烂"心态，在面对难度较大的新高考数学一卷时，我仍能沉下心来继续做题，以笔为矛，战斗至最后一刻，并取得了较为满意的成绩。

高中剪影

——凡此种种，皆成过往

对于一位新高考模式下的传统文科选手，数学确实是学习路上的超大拦路虎，并让我头疼了整整三年。从理解清楚基本的数学概念，到在练习中规范作答、谨慎易错细节，再到不断刷套卷与总结、找答题技巧便是我学习高中数学的历程。

在高考的战场上，我确实不是天赋型选手。我记忆的速度很慢，所以会在抄书、整理知识框架图中加深对知识点的印象；我做题的思路不全，所以每周都会练习每种基本题型的习题；数学成绩不理想，所以我每周还会在4小时的假期中抽出3小时来做一套数学试卷并批改。

"地理者，玄学也。"相信这是许多高中生对地理学科的刻板印象，但我高三的地理老师却用自己的方法打破了这一刻板的印象。他常常在上课时让我们望向窗外，用所学的地理知识解释生活中的现象。记得有次晨雾一直持续到早上十点多才渐渐散去，放在平日，或许这一现象便被忽视了，但在那天的地理课上，老师却将这一现象作为一个教学环节来进行小组。在经过几次小组讨论与老师的引导后，终于有同学成功地阐明了其中蕴含的地理知识。也正是那一次的课堂，使我对盆地地形、气候的影响、雾的形成、雾久不散的影响等知识点有了新的认识。

我很喜欢高中班主任的一句话："生活习惯就是学习习惯。"回眸高中这匆匆的三年，我才发现原来每天的生活是这般单调，每日主要在教室、食堂、操场三地间奔走，短暂的假期也多数留在家中或自习室里与短板学科纠缠。

轻扣门扉
——雏凤清声，泮林革音

我并不反感"小镇做题家"的称呼，相反，正是因此我才得以走出大山，步入北京大学这所中国顶尖学府。从仰望北大的巍巍博雅塔，到如今亲抚北大的录取通知书，再到未来真正进入北大求学，我的心中是激荡不平的。

幼时，是听闻北大之望其项背，犹如群星于广袤苍穹，可观、可敬，却不可及。少年时，是初识北大之源远流长，犹如文化长河之古老河床，可敬、可羡，却不敢及。青年时，是近触北大之英姿勃发，犹如古老大国的英朗青年，可羡、可交，仍以为不可及。而今，我将轻扣燕园门扉，憧憬满怀，去北大探寻一条独属于我自己的人生旅途。

然我亦深知，"往者不可谏，来者犹可追"，现在的我只是站在人生长途的又一新起点上。红楼漫雪、未名沉璧、博雅静穆，携《初入燕园》，入燕园的百年底蕴汪洋，识新时代的家国共振。

 TIPS：

❶ 接到答题卡的那一刻，我的心凉了半截，本就对数学考试胆战心惊的我愈加恐慌。对自我学习方法的否定感、对原本遥不可及的高考目标的恐惧感、对付出时间却不得成效的无力感全部涌上心头。在数学老师幽默语气的劝解下，在多次的自我审视中，我慢慢用"文科生学数学就那个样子，做好最基本的，尽力多拿分"的观点来完成最后阶段的复习备考。幸而有如此文科生式的"摆烂"心态，在面对难度较大的新高考数学一卷时，我仍能沉下心来继续做题，以笔为矛，战斗至最后一刻，并取得了较为满意的成绩。

❷ 幼时，是听闻北大之望其项背，犹如群星于广袤苍穹，可观、可敬，却不可及。少年时，是初识北大之源远流长，犹如文化长河之古老河床，可敬、可羡，却不敢及。青年时，是近触北大之英姿勃发，犹如古老大国的英朗青年，可羡、可交，仍以为不可及。而今，我将轻扣燕园门扉，憧憬满怀，去北大探寻一条独属于我自己的人生旅途。

25

求知非坦途，坚持梦成真

——写给高中阶段的学弟学妹们

👨‍🎓 **学生姓名：** 李佳衡

🎓 **录取院系：** 信息科学技术学院

🏛 **毕业中学：** 山东省烟台市第二中学

⭐ **获奖情况：** ● 山东省优秀学生

　　　　　　　● 2021 全国青少年信息学奥林匹克竞赛银牌

　　　　　　　● 2021 亚太与太平洋地区信息学奥林匹克竞赛
　　　　　　　　中国赛区银牌

亚里士多德说："求知是人的本性。"人从一出生便开始了学习。"目之所及，心有所想"，正是在不断探索真知、永续追求真理的过程中，人类创造了优秀的文明，发展了璀璨的文化。知识是令人渴望的，但学习知识并非一件简单而轻松的事情，如果知识对于某个具体的人也有一个熵值的话，其最初所面对的这个值无疑是巨大的。在降低知识熵值的过程中，在抵御自然增熵的实践中，其最需要具备的品质就是"坚持"。

我加入烟台二中信竞队的第一天，教练姜仕华老师就传授了信竞前辈们摘金夺银的秘诀："有目标，特专注，能坚持！"目标需要坚持，专注的学习过程更需要坚持，"坚持"二字就是攻坚克难、取得成功的法宝！

我们先说说目标。目标是需要坚持的，苏轼有云："古之立大事者，不惟有超世之才，亦必有坚忍不拔之志。"在高中阶段，我们树立的目标没必要多么的伟大，但一定要清晰而坚定。

学弟学妹们，相信你们已经抱定了志向，心目中有了自己理想的大学。那么，请你一定把这所大学的名字和考入这所大学所必需的成绩写下来，加上自己的奋斗格言，做成卡片，贴到课桌上。当自己学习疲怠、不能坚持、不想前进的时候，低头看看这张卡片，顿时就会觉得未来如星辰大海般璀璨，内心豪情万丈，充满对学习的动力。

需要指出的是，有了清晰的目标，就要规划出实现这个目标的路径，而后付诸行动。路径规划可以请老师、家长、优秀的同学一起做，如果成绩斐然学有余力，可以尝试竞赛拓展；如果少年努力智力超群，可以多了解北大数学英才班和物理卓越计划；如果偏科有所喜好，可以把时间和精力多用在弱势学科上。如果规划的路径错误，也就意味着选择了错误的奋斗方向，越是坚持，离目标就越遥远。当然，考入理想的大学只能算是短期的目标，到大学之后，希望学弟学妹们树立起真正远大的理想，树立起像宋朝张载"为天地立心，为生民立命，为往圣继绝学，为万世开太平"那样的理想，树立起值得自己满怀激情地为之奋斗终身的理想。

我们再谈谈"专注"。我所理解的"专注"即是"全身心地投入"，"专注于学习"就是要全身心地投入学习中去，唯有如此，方能取得好的成绩。

"专注于学习"是一件不容易的事，需要借助强大的意志力来实现。在学习的道路上，充满了让你分心的各种诱惑，假使你克服了懒惰，心心念念的游戏以及不合时宜的恋情也会让你从直奔目标的康庄大道转入一条绕来绕去的花园小径，虽然美丽，实是羁绊。在出现这些问题，看到自己的成绩风驰电掣般退步的时候，你要怎么办呢？我觉得你需要求助于自己的父母和老师！在他们的帮助下，激发出自己强大的意志力，抵制诱惑、踏平荆棘，重回大道。

高二是个危险的时期，因为这个时候学生已基本适应了高中的生活，已经不那么看重学校的纪律了。作家柳青在《创业史》第十五章写道："人生的道路虽然漫长，但紧要处常常只有几步，特别是当人年轻的时候。""没有一个人的生活道路是笔直的，没有岔道的。""你走错一步，可以影响人生的一个时期，也可以影响一生。"我们始终不要忘记"目标、专注、坚持"，要把高二看成是锻炼自己、证明自己有能力掌控方向的最佳时期。

要养成好的习惯。很多学长讲"利用好错题本"，讲如何把题目记好，分析原因，补充知识，扩展专题，形成体系。这些都很好，我也是这么做的，但我的错题本，特别注重易错易混知识点和各种反例的整理。另外，我非常重视语言描述能力和计算能力的训练。学弟学妹们要特别重视计算能力，切莫眼高手低。这里说的训练计算能力不仅仅包括两位数的乘法等能提高数字敏感度的训练，更多的是多项式的整理、超越函数的变换、不等式的放缩、换元思想等基本数学素养的训练。

好的习惯还包括同学之间的讨论。要坚持这种有益的讨论，获得不同的思维方式，提升自己的能力。在讨论问题这件事上，我很早就克服了羞涩。我经常给同学讲题，在讲题的过程中，不但可以发现并及时纠正自己思维的混乱，还能提高自己的语言组织能力，加深对题目所涉及知识点的理解。我也经常听同学给自己讲题，不仅解决了困扰很久的难题，节约了时间，还可以发现另外的思路，打破自己的思维定式。其实，讨论问题最大的好处在于可以增进同学之间的友谊，可以在这个"卷来卷去"的时代，营造和谐的学习氛围，大家互帮互助，共同提高。

坚持适量的运动，保持积极乐观的心态。周围环境出现变化，考试成绩总是起伏，日常遇到小挫折、小烦恼都是正常的现象，我们应学会正确对待，及时调整自己的心态。每当我察觉到自己心态不对劲的时候，我会敞开心扉向老师、父母和好朋友寻求帮助，这种方法非常有效。我还会利用跑步给自己繁重的高中学习生活减压，做到不计较、不抱怨，阳光积极，永远充满着正能量。

一分耕耘，一分收获。优秀的成绩一定离不开勤奋刻苦的付出，离不开强大意志力的支撑。上课时，我也有犯困的时候，但我会站起来听讲；面对如山的作业时，我也有抗拒的时候，但我会告诉自己作业就是考试，必须限时完成；在等待跑操、吃饭排队的时候，我会利用碎片化时间背一背单词、思考一个数学问题……正是这种坚持，这种永不言弃的意志，让我能够始终精力充沛地学习，最大限度地发挥自己的潜能。

学弟学妹们，求知非坦途，坚持梦成真，高考是人生面临的第一次大考，祝你们得偿所愿！希望你们能够坚守初心、砥砺前行，不负青春和梦想，用勤劳的汗水书写自己美好的明天。

今年，我幸运地考入了北京大学，来到这所走过了一百多年光辉历程的顶级学府读书，这种自豪感无以言表。学弟学妹们，北大是常为新的，欢迎优秀的你们一起来感受"未名湖水映日月，博雅塔顶展翅飞"的燕园风貌。

我在北大等你们，加油！

☀️ *TIPS*：

❶ 如果规划的路径错误，也就意味着选择了错误的奋斗方向，越是坚持，离目标就越遥远。当然，考入理想的大学只能算是短期的目标，到大学之后，希望学弟学妹们树立起真正远大的理想，树立起像宋朝张载"为天地立心，为生民立命，为往圣继绝学，为万世开太平"那样的理想，树立起值得自己满怀激情地为之奋斗终身的理想。

❷ 周围环境出现变化，考试成绩总是起伏，日常遇到小挫折、小烦恼都是正常的现象，我们应学会正确对待，及时调整自己的心态。每当我察觉到自己心态不对劲的时候，我会敞开心扉向老师、父母和好朋友寻求帮助，这种方法非常有效。我还会利用跑步给自己繁重的高中学习生活减压，做到不计较、不抱怨，阳光积极，永远充满着正能量。

26

鲜衣怒马少年时，不负韶华行且知

- 学生姓名：漆可依
- 录取院系：光华管理学院
- 毕业中学：湖南省张家界市慈利县第一中学
- 获奖情况：● 第十三届宋庆龄奖学金

世事一场大梦，人生几度秋凉。立秋已过，像梦境一般迷离奇彩的高三生活早已与我渐行渐远，但那一串串鲜活的记忆却如走马灯般飞速旋转，推着我一步一步走近并迈过燕园的门槛。

梦许燕园

作为一棵生长在新高考试验田中的小白菜，我对未来既存着惴惴不安的思绪，又隐隐流露出舍我其谁的期许。高二那年我有幸参加了北京大学组织的暑期学堂，真正作为一个博弈者加入这场强强争霸的对垒。在这场短暂的邂逅中，令我印象最深刻的环节是测试结束后的班会活动。志愿者学长学姐带着我们齐唱北大校歌《燕园情》，让我们从一句句饱经历史沉淀的歌词中领略北大的百年风华，从内心深处萌生对燕园的憧憬。班会的最后，学姐为我们发了一张贺卡，希望一年后的我们能如约而至。于是，考入北大正式成为了我在高三阶段的目标。恰巧温书的时候看到了一句话："只有用水将心上的雾气淘洗干净，荣光才会照亮最初的梦想。"北大就像一块尚未面世的玉石，我把它放在心尖上细细琢磨，期待着有朝一日能将这个懵懂的愿望雕琢成自己最满意的模样。

逐鹿燕园

就这样，高三一年的决战悄然拉开序幕。

作为新高考的"老"文科生，我清醒地认识到了语文的重要性。从高二那年的暑假开始，我打算每周六都给语文老师交一张试卷，并把不懂的地方标上序号、做好记号，在老师为我批阅打分之后请教她。久而久之，周六和语文老师的"例行会谈"成了常态。可惜并非事事遂愿。几个月过去了，我的语文成绩在短暂提升过后仿佛进入了瓶颈期，而这又是盲目刷题所解决不了的。我决定另辟蹊径，暂时搁置这个计划，转而开始整理错题以及知识板块。与此同时，我开始慢慢地收集最新的作文素材，在每一篇作文中倾注自己所有的文采，韬光养晦、静待花开，毕竟"策马前途须努力，莫学龙钟虚叹息"。

作文是相当能拉开分距的题型。"题好一半文"，好的标题是高分作文的开始。我在作答时会习惯性地设计出对偶式的标题，一来文题较长，可以迅速在文海中抓住阅卷老师们的眼球；再者，对偶式标题可以化用诗词名句，便于展现作者的文采；最后，比较长的作文题目可以涵盖更多的关键词，大大降低跑题的风险。

同样，拥有了层层递进的分论点、俯察寰宇的家国情怀、点面结合的热门素材、变化多样的论证方法，作文的"一蹴而就"就指日可待了。

事实证明我的"铤而走险"是对的。语文成绩的迅速提高让我在讶异之余也开始用相同的思路去调整其他学科的学习。在一次又一次的尝试与成功后，我才渐渐意识到总结归纳对学习的重要性。终于，高考语文138分的成绩为我多年来的语文学习画上了圆满的句号。真的谢谢一年前那个咬牙坚持的女孩，没有她寒窗苦读、挑灯夜读的艰辛，就不会有收到北京大学录取通知书时我苦尽甘来的笑脸。

其实平时成绩优异的同学会经常自嘲："别人好好学习就会进步，我们好好学习还要担心会不会退步。"从某种意义上说，这也证明了卷面的成绩并不是个人实力的完美镜像。影响我们卷面分的并不只有我们记忆中的知识点、思维能力，应考心态也在其中扮演着十分重要的角色。都说热爱可抵岁月漫长，于我而言，要想每句话都掷地有声、得到回响，就必须站在最高的地方。不同的视野与眼界，会成就我们不同的心态。没有必要在一次小考的失利中钻牛角尖，也不需要为了高考前的不佳状态而心烦意乱。每当遇到学习上的挫折，我都会这样宽慰自己：怕什么，不是还没高考嘛……积极的心理暗示也是学习中的锦囊妙计、制胜法宝。再说了，高考之前把坏运气都花光也不是什么坏事，说不定高考时会触底反弹、否极泰来！

良师亦友

高中对我影响最大的就是我的班主任兼数学老师——吴愈亚。用我们现在的话说，他就是佛系的代名词。作为重点班的班主任，他却不会刻意强调我们的学习成绩，尽量减轻外界给我们的压力。每次大型考试的成绩出炉后，他总会开一次班会来总结我们近段时间的学习情况。但与众不同的是，他在班会上更多的是表扬班级中游进步较大的同学，甚少提及班级成绩前五名同学的名次变化。也许他明白，前面的孩子本来就背负了太多，最好的关心就是适时的沉默。继续名列前茅的同学自会暗自欣喜，而对偶然失误的孩子也不必过于苛责。当然，对于心态极佳却又"不务正业"的捣蛋鬼们，他也会用诙谐的语气加以调侃，而且还能活跃班级的气氛。不过，尽管当面没有发声，课后他却会把目前学习遇到障碍的同学单独叫到办公室进行长谈，让他们能够迅速振作起来，投入下一轮的战斗。

吴愈亚老师的教学可以用一个歇后语来形容：张飞绣花——粗中有细。在讲评试卷时，他会把同一题型的题目串起来讲。先讲一个典例，余下的再让我们自己触类旁通，从而锻炼我们的思维能力。再者，他主张青出于蓝胜于蓝，希望我们多向他提问，更希望有朝一日我们可以问倒他。

有时候我们总觉得班主任太能理解我们的难处了。高三一整年日复一日、从不间断的学习让每个学子都身心俱疲，也不免在课堂上打盹。他从不会批评因为熬夜学习而打瞌睡的同学，只会在上课时似是无意地经过他们的座位，在课桌上轻轻敲打，让同学们主动清醒。

分班后刚进高二，吴老师经常把我们现在的570班和他上一届带过的493班进行对比，以激发我们的学习动力。当时我们就在心底埋下了共同的愿望：我们不要做第二个493，要做就做第一个570！我相信，今年夏花的绚烂，我们都会永远记得。

最强后援

高考当前，如果说我们高三学子的战场是书山题海，那么父母们的战场则是我们身后的方寸天地。我的父母一直秉持着"不以物喜，不以己悲"的教育理念，考得好最多也就是吃顿大餐改善一下伙食，并不会过多地夸奖我；同样，发挥失常也不用担心回家吃"竹笋炒肉"，他们只会帮我分析失利的原因和具体的解决办法。我不用提心吊胆，也不用战战兢兢，只需和他们坦诚相待、沟通交流，再不断改进就好。

最重要的一点是他们永远相信我。他们不会为我的状态不佳抑或是成绩下滑而焦虑恐慌，而是会选择相信我的实力与心理调节能力。他们会默默陪着我走过一个又一个低谷，同时也会和我一起接过所有的鲜花与掌声。

我们学校的唐新标副校长曾经送给我一句话："生活中所有令人惊艳的美好，都不是刻意追求的。"三年芳华尽从容，每一次的竭尽全力，都在为日后的人生大厦添砖加瓦。正如散文《草莓》中所说："激动不安、若明若暗的青春岁月之后，到来的是成年期成熟的思虑，是从容不迫的有节奏的生活，是日益丰富的经验，是一座内心的信仰和理性的大厦的落成。"时光顺流而下，生活逆水行舟。"危楼高百尺，手可摘星辰"，高中生活妙曲绕梁，已然落下帷幕。当我步入燕园，又将开启新一轮的上下求索，继续在自己的小小的旅途中踏浪前行。

毕竟，星星都摘到了，还不握紧点？

TIPS：

❶ 于是，考入北大正式成为了我在高三阶段的目标。恰巧温书的时候看到了一句话："只有用水将心上的雾气淘洗干净，荣光才会照亮最初的梦想。"北大就像一块尚未面世的玉石，我把它放在心尖上细细琢磨，期待着有朝一日能将这个懵懂的愿望雕琢成自己最满意的模样。

❷ 不同的视野与眼界，会成就我们不同的心态。没有必要在一次小考的失利中钻牛角尖，也不需要为了高考前的不佳状态而心烦意乱。每当遇到学习上的挫折，我都会这样宽慰自己：怕什么，不是还没高考嘛……积极的心理暗示也是学习中的锦囊妙计、制胜法宝。

27

勇往直前，奋进卓越

学生姓名：王进秀

录取院系：政府管理学院

毕业中学：辽宁省阜新市实验中学

获奖情况：● 2020 年度阜新市优秀共青团员

揽书为灯，执笔为剑。十年砥砺磨鹰骨，一朝振翅向苍穹，愿君不负青衿志，回首征途笑韶颜。能够在巍巍博雅塔下、融融未名湖边求学问道，我感到十分激动和无比荣幸。接下来我想和学弟学妹们分享一些独到的学习经验和学习方法。

　　坚定理想，瞄准目标，志存高远，不忘初心。北京大学是我一直以来的理想大学，正是这种来自内心深处的渴求和憧憬时刻激励、提醒着我要用必胜的信念和坚不可摧的意志，来保持昂扬的斗志，以奋发图强，全力以赴，勇往直前。学弟学妹们要有明确而高远的目标，以"欲与天公试比高"的勇气，"直挂云帆济沧海"的壮志和"天生我材必有用"的自信坚定目标，全力冲刺，突出重围，朝着心中的光不懈奔赴。学弟学妹们要有上青天揽明月的意志，拥有挥斥方遒、指点江山之意气，锤炼咬定青山不放松的毅力，心怀十年饮冰、难凉热血的豪情，达到新火试新茶的境界，胸怀但愿海波平的纯粹，展现海到无边天作岸、人登绝顶我为峰的豪迈。

　　提升学习的主动性、自觉性和积极性。我们要做到有深度、有广度的思考，在不断的追求和探索中深化自己对知识的认知，在钻研和求索新知与未知中收获学习的乐趣和欣喜。当你主动从学习中获得一些东西时，喜悦感会涌上心头，这是最好的激励，是最充实的获得感。我们不应让学校老师催促我们学习，而应自觉主动地学习。学弟学妹们要有拼搏努力、精益求精的学习精神；脚踏实地、追求卓越的治学态度；自信良好、积极乐观的学习心态。学弟学妹们要有自己的节奏，既要对此刻的自己有清醒理性的认知，也要对未来有明确实际的规划，不断地充实并提高自己，时刻保持精神上的富足和满足。

学会培养和提升自学的能力，养成独立思考判断和独立解决问题的习惯。学会预习，要做到心中有数，在保证质量的前提下超前学习，将自己的潜力发挥到极致。在自学过程中做出进一步的提问并寻找答案，自问自答，进行归纳总结。在永无止境的学习中，探索新知是不断前进和成就未来的动力源泉。例如，开学时就对一本新书有很好的认知；在高一高二时做高考题型，把握方向和动态；从对每一个知识点的熟知到对整个三年知识体系的掌握……我们应丰富知识储备，保持对知识的追求与探索，对未来充满热情，让现在的行动拥有未来的意义。学弟学妹们要学会担当，学会自我管理，学会专注与沉稳做事。我们要相信梦想的力量，相信学习的力量，相信奋斗的力量。我们只有永葆朝气，才会奋发有为。

提高学习效率，轻松、高效、优质地学习。在不断的探索中，我总结出来的方法有：培养学习兴趣；给自己设定学习目标和计划；在一段学习时间内尝试完成更多的学习任务，或用最少的时间完成一个学习任务；集中注意力；合理地利用时间，等等。李开复曾说过："人生的时间是有限并不可变的，所以要有效率地用好每一分钟，不用好就是一种浪费。"所以学弟学妹们要珍惜时间，提高效率，达到学习的最佳效果。我们要开拓视野，用最好的自己谱写最美好的故事，培养生命的韧性和精神的厚度。我们要以鸿鹄之志，努力拼搏，勇往直前。以磅礴之势，创造非凡价值；以奋斗之姿，书写人生辉煌。

给自己设定计划和目标。在我的学习过程中，我是按照时间长短（天，周，月，学期），所学习的知识内容（章节和板块），考试的间隔（下次考试的重点）为标准设定计划和目标的。学弟学妹们可以根据所学习内容的时间长短和重要程度作出计划。计划在于执行，要做时间的主人，合理利用时间。

提高记忆能力，根据不同学科的特点加强对知识点的记忆可以加深对知识的理解。例如历史学科的学习可以采取一线串珠法（以时间为线索串联历史事件），联想（关联类似的事件），数字记忆（对于年份的记忆），大脑复现，划分同类项，同一事件的不同方面（经济，政治，文化）等方法来加强记忆。政治学科的哲学与文化体系可以采取列提纲的方法，将每一个知识大块分解为几个小的问题逐一记忆……同时，我们还应提高应试能力，不断地积累与记忆，挑战难题。任何的套路与技巧都需要结合自身不断地锤炼、总结、验证。临近考试时，要保证做题的质量和题感，并从出题人的角度去思考。保持良好的乐观主义心态，灵活地应变未知的考验，用端正细心的态度对待每一道题。

关注时事热点。高考是知识的考卷，也是人生和时代的大考。关注时事热点方可应对日新月异的时代变化。学弟学妹们要从时事热点中发现并总结归纳出考题可能会出现的热点问题，并做好应对可能出现的新题型和新问法的准备。例如，在语文的阅读题、语言文字应用题和作文题中，都会采取与时俱进的素材设问，同时，如果学弟学妹们在写作文时应用到热点的人物素材和名人名言，那么作文会增色不少。

培养学科核心思维和逻辑素养，将我们的目光聚焦于学科想要展示的东西——知识、思维、能力等，学会将文字语言转化为学科语言并转化为答题语言。要区分易混错误，避免惯性思维，理解一道题中不同的设问点，提高对字词、逻辑、符号标点的敏感度。答题时要批注要点、串联术语，明确命题方向及变式设问。理解题目的共性与个性，做专题训练。分析设问思路，梳理知识原理，演绎分析答题步骤。此外，还应做到多学科交互融合，用发散思维和聚合思维，正向思维和逆向思维去跨维度、多角度地思考。例如，可以用哲学的思维去思考政治学科的文化题，可以用历史、地理、政治的所学知识去判断语文学科的文化常识题……

天行健，君子以自强不息。海阔凭鱼跃，天高任鸟飞。向满分冲刺，向胜利进军。继续冲，去奔赴下一场山河，去迎接星辰大海。我们应汲取知识，沉淀思想，磨砺意志，提升格局，展现情怀，承担责任，努力创奇迹。高考是人生的试卷，是自我价值的体现。时代是出题人，我们是赶考者，握好手中的笔，答好心中的卷，握准时代脉搏，展我家国情怀。

心中有光，别人的戈壁滩，就是你的绿洲；咬牙坚持，别人离场，你还在舞台中央。让我们一起站在最亮的地方，让六月向我们低头，让七月为我们鼓掌，让八月淋漓痛快，让九月直奔理想！"燕"待君来，一"燕"为定！

☀ TIPS

❶ 提升学习的主动性、自觉性和积极性。我们要做到有深度、有广度的思考，在不断的追求和探索中深化自己对知识的认知，在钻研和求索新知与未知中收获学习的乐趣和欣喜。

❷ 学弟学妹们要有拼搏努力、精益求精的学习精神；脚踏实地、追求卓越的治学态度；自信良好、积极乐观的学习心态。学弟学妹们

要有自己的节奏，既要对此刻的自己有清醒理性的认知，也要对未来有明确实际的规划，不断地充实并提高自己，时刻保持精神上的富足和满足。

❸ 学弟学妹们要学会担当，学会自我管理，学会专注与沉稳做事。我们要相信梦想的力量，相信学习的力量，相信奋斗的力量。我们只有永葆朝气，才会奋发有为。

未名新燕的圆梦历程

学生姓名： 王梓鉴

录取院系： 工学院

毕业中学： 河南省新乡市第一中学

那天下午，我完成了新生报到，安置好行李物品后，就迫不及待地到北京大学西校门打卡。这其实是我第三次与西校门合影。我此刻的心情万分激动，一种努力过后梦想成真的幸福感涌上心头，同时我又想起了六年前的那个暑假。

记忆的闸门回到了2014年的8月，因为一场意外，全家驱车600多公里陪妈妈来北京求医，好在经由全国知名专家诊断并无大碍，于是爸爸妈妈便开心地带我游览北京的各大景点。我4岁的时候来过北京，因为年纪小，只到了天安门广场，登上了天安门城楼，逛了动物园。而2014年暑假，我已是一个即将升入六年级的小学高年级学生了，对在书本中读过的首都名胜古迹和著名高校心生向往。8月22日，我们游览完颐和园后，我特别想亲眼目睹中国最顶尖学府北京大学的风采，于是就来到了这扇古香古色的校门前。大门上金色的牌匾，左右两侧威严的石狮，都给我留下了深刻的印象。全国学子们梦寐以求的北京大学，在我眼里是那样庄重大气，充满大家风范！因为不知道需要事先预约才能进校，而现场预约又不能当天进校，我也只能和众多远道而来的学子游客一样匆匆在门口留下一张照片！

第二次来到北大，则是在2016年的暑假，此时的我已经是新乡市一中少儿部的一名初中生。一中少儿部是河南省唯一的超常儿童教育实验班，实行2+3五年一贯制教学，即初中两年、高中三年。我是在2015年以优异的成绩考入一中少儿部的，这个暑假过后，即将面临初一到初三的跨越。2015年高考，新乡一中包揽了全市文、理科状元，当年8名优秀的学姐学长考入了北大和清华，并且文、理科状元全都选择了北京大学，文科状元缑清睿选择了北大中文系，理科状元孟若为选择了北大元培学院。寒假里我的班主任魏兴毅老师请他们来班级传授经验，魏老师精心设计了一个让文理科状元分别抽签选择一名同学的环节，被抽中的同学可以加好友随时请教问题。幸运的我被理科状元孟若为选中，获得了学长的联系方式，之后也向孟学长请教过不少问题，对北大及元培学院有了更多的了解。同时我也在心里把北京大学元培学院作为高考的目标。少儿部的学习既充实紧张又丰富多彩，有师长的引导关爱、有同学的竞争互助，我的学习之路还算顺利，成绩也一直位列年级前十名。每次大考后照片都能登上年级光荣榜，而妈妈就有意让我把2014年暑假与北京大学西校门的那张合照贴上光荣榜。那时距离高考还有将近五年，同学们都感觉北大是那么高高在上。我与北大的合照也曾引来各种议论，但我认为目标高远才能激励自己不忘初心，为实现梦想而砥砺前行没有什么可心虚的，管别人怎么说呢！

一中少儿部每年都组织优秀学生参加名校励志夏令营，我在2016年通过夏令营走进了北京大学的校园。燕园的湖光塔影，亚洲最大的大学图书馆，还有古香古色的西校门，这些在图片上才能看到的景象，真真切切地进入了我的视野，也进驻到我的心间。在参观北京大学的那天，我恰巧看到这样一段话：为什么学生要选择考取北大？而答案就是学生可以在其中跟随优秀导师进行研究学习，这是受益终身的，杰出导师即是不可替代的瑰宝。"所谓大学者，非谓有大楼之谓也，有大师之谓也。"北京大学是全国乃至世界的学术圣地，这里聚集着无数的大师名家。至此，北京大学于我是一个高高在上却又深埋心底的梦想，因此我暗暗下定决心，4年后我一定要实现梦想考进北大，在风景如画的燕园跟随大师们研究、学习。

高中的生活紧张而忙碌，高二升高三的时候，我被选拔到了由年级前三十名、专门为冲刺北大清华而组建的燕清班学习。燕清班里每个人都要选择北大或者清华作为自己的高考目标，做成一张大表格公示在教室外墙，表格中分列标注出近三年北大、清华的投档线，最后一列则是本人最近一次大考的成绩，以便学生直观地看到自己距离目标院校还差多远。我始终坚定选择北京大学作为自己的高考目标。高三刚开始的时候，由于不适应这个新组建的班集体，我的成绩有些下滑，高三上学期的大考成绩在年级大都是十几名，这个成绩距离我梦想中的北京大学还有很大差距啊！

平时我性格沉稳、不爱说话，但心中始终有梦想。既然与梦想有差距，那我就心无旁骛地下功夫去提高。在紧跟老师的步伐之余，我还会主动找来各种题型狂补，然后总结、思考、提升。那段时间在家上网课，对我来说是一个不小的考验。每当课间休息的时候，我总想着玩一局游戏释放压力，也会潜水在同学群里看各种吐槽，有时还会在钉钉网课界面与游戏界面间不停地切换。在家学习或多或少是分散了一些注意力的，但总体来看，也算较好地完成了学习任务。4月7日，终于迎来了全省高三复课的日子，从复课后的考试情况看，我欣喜地发现自己的成绩竟然稳步上升了，从原来的年级十几名提升到前十名、前五名，临近高考的时候，还考到了年级第二名，分数达到北大在我省的投档线了。在冲刺阶段成绩的提升，离不开自己坚持不懈的努力，离不开优秀教师对我的帮助鼓励，离不开父母家人日复一日地照顾我的生活起居，让我可以全身心地投入学习。临近高考，我的成绩一直在进步，心态也越发平稳。奇怪的是，平时总是唠唠叨叨的妈妈这时候已经不关心我的成绩了。高考那两天，她甚至比平时还要轻松，考试的情况也一句也不问，我也就没有什么压力轻装上阵了！

高考成绩揭晓，703分，有惊无险地压着北京大学在河南理科本一批的投档线考进北大，虽说没能实现考入元培学院的目标，却也足以让我幸运地进入燕园。"大师身旁宜聆教，未名湖畔好读书。"兼容并包、自由开放、丰富多彩的燕园学习生活一定会带给我更多的机会，让我体验更多的不可能，实现更多的人生精彩。我也希望通过自己持之以恒的努力，珍惜好、把握住这来之不易的学习机会，学到更大的本领，成为有益于国家和人民的人！

TIPS

❶ 那时距离高考还有将近五年，同学们都感觉北大是那么高高在上。我与北大的合照也曾引来各种议论，但我认为目标高远才能激励自己不忘初心，为实现梦想而砥砺前行没有什么可心虚的，管别人怎么说呢！

❷ 平时我性格沉稳、不爱说话，但心中始终有梦想。既然与梦想有差距，那我就心无旁骛地下功夫去提高。在紧跟老师的步伐之余，我还会主动找来各种题型狂补，然后总结、思考、提升。

29

青衿之志，履践致远

👤 **学生姓名**：姚南宇

🎓 **录取院系**：物理学院

🏛 **毕业中学**：浙江省台州市玉环中学

⭐ **获奖情况**：● 第 37 届全国中学生物理竞赛（省级赛区）二
      等奖

　　　　　　● 2017—2019 年度台州市优秀团员

我

来自台州

这里依山傍海

文脉悠长

台州府城墙讲述着这里悠久的历史

紫阳古街承载着这里厚重的文化

在台州

泡一壶火山茶

剥一瓣文旦柚

掘一段光阴

窥一个世界

正如北大

静心治学

积极探索

让眼底未名水

映衬胸中黄河月……

当和同学一起写下的诗行被抑扬顿挫地朗诵出来，诵读声回荡在座无虚席的报告厅时，身边的场景简直奇幻得像梦境，而我心中北大的轮廓却越发清晰。彼时的我尚不知道，未来的一年将更加奇幻，而我的北大梦也将成真。

我的北大梦，虽不是从小就有，但也是一路追寻；虽不敢说志在必得，但也是踌躇满志，从未放弃。

故事还要从小时候说起。北京大学对于年少的我而言，更多的只是一个神圣而朦胧的符号。小学时我去北京旅游，但没能步入燕园，只是经过北大西门，留下匆匆一瞥。仅仅一瞥，古朴典雅的北大西门已使我心驰神往。

在懵懂的小学和初中，我对学习确实不够用心，也没有什么理想与梦想在我心中扎根，只是随着学校节奏考上本地最好的高中——玉环中学的实验班。高一入学前，在学校组织的北京研学之旅中，我饱览了博雅春景，也第一次领略了燕园中并存的古典与朝气，心中的北大逐渐有了完整的形象。

而我并没有因此对未来大学的定位或追求产生明确的想法，相反，我与北京大学这所最高学府仍有些许距离感。正当我犹豫逡巡之际，北京大学的陈老师来到了我们的高中。

初次与陈老师见面时，我感觉连近在手边的空气都变得有些不真实了，也许是因为她朴素的黑框眼镜与和蔼的笑容吧，也许是因为她给我们每个同学的拥抱吧，也许是因为她亲切地称呼我们"宝宝"吧。陈老师举手投足之间，既有北京大学不群的风度，也有妈妈般让我们敞开心扉的亲和力。她与我们说得最多的不是考试，不是成绩，而是问我们有什么想说的，她自己则成为一个倾听者。就这样，比较安静少言的我也道出了自己学习生活中的得失忧喜。陈老师就是北大的一个缩影，她的一次次来访，让我感觉自己与北大的距离正不断缩小。

于是我决定更好地打磨自己，因为我想走近北大，走进北大。从此我坚定了参加物理竞赛的信念。在我们这个竞争激烈的省份和我所处的这个偏僻小岛，获得省级一等奖都是极其不易的。而对于我这个高一才"入坑"物竞的"萌新"，开始学习时的难度简直令人痛苦。凭借顽强毅力，在克服困难的同时，我也一点点感知着物理的严谨与巧妙，这也强化了我考取北大物理学院的决心。

在我以极大热情投入竞赛的同时，我必须平衡高考科目的学习任务。因此我养成了将课堂听课学习效率最大化并在课后积极答疑扫清漏洞的好习惯。因此，在高一高二的4次期末考中，我3次位列全校第一或第二。与陈老师交流后，我的学习方法得到了肯定，这也更给予了我信心与动力。

时间不紧不慢地流淌，终于来到了那年的8月，我有幸参加了北大的暑期学堂。虽然因为特殊原因没能亲临北大留下了一点小遗憾，但当我回溯记忆的河流，这段经历依然是最宝贵的珍珠。起初我因陌生而有些裹步不前，但与熟悉的陈老师在陌生之地相逢，给了我莫大的惊喜与勇气，让我主动走向北大，拉近与北大的距离。于是，不必说接触到北大的老师、学长学姐与来自全省各地的优秀同学，也不必说参加颇具北大特色的素质拓展活动，单从"从浙江到北大"展览中的朗诵与学堂6班同学集体创作的诗句就使我感到我与北大的距离已近到不太真实。诗句创作、诗句背诵、台上列队安排、全班排练在短短3小时之内完成，显得不太真实。"我/来自台州……让眼底未名水/映衬胸中黄河月！"能在台上如此自信地诵出自己与同学一起写下的诗句，似乎很不真实。受到主办方、招生老师们的一致好评，似乎更不真实。也正是在这时，我心中北大的轮廓越发清晰。

暑期学堂闭幕后，在高三开学典礼上，我作为学生代表发言。我说："高三必将是一段为人生梦想而奋斗的时光。高三的我们目标已经明确，步履更加坚定，信心满格充足。"我是这么说的，也是这么做的。诚然，人生非坦途，高三的学习道路上更是如此，但既然选择了远方，我便只能风雨兼程。开学后，物竞失利，止步复赛，但高三紧张的复习节奏已不允许我细细收拾自己的心情。全身心投入高考学习后我才发现，尽管过去我的成绩是不错的，但些许漏洞依然是存在的。因此在平衡语文、数学与首考科目的复习时，我勤练英语客观题和写作，训练高考物理不依赖计算器的计算能力，并将化学、生物的查漏补缺与刷题巩固相结合。我的付出也有了回报，回归首考复习后两个月内，我在台州市一模中取得了全市第一。陈老师告诉我，这就是我的实力。那时，她笑意盈盈，眼神柔和。她的鼓励为我的冲刺注入了强大的动力。在此后的历次模拟考中，我均位列全校第一，并在首考中取得了441的高分。

在首考成绩已有优势的情况下，我仍不敢松懈。因为我的目标已清晰，我知道，北大是我唯一的梦。此时来自周围的关注、我对自己的严格要求、填充得过满的时间表已悄悄改变了我的生活，虽然当时的自己没有察觉，但如此种种已经使我的心理产生了某种微妙的变化，客观上我是拒绝休息、负重前行的。因此在第二学期我的成绩发生了高中以来幅度最大的波动。通过努力，我在考前调整了自己的状态，但因为一些小失误，我没能在高考中取得自己预期的成绩。面对高考成绩，我有不甘，有懊恼，有自责。

就在此时，陈老师又来到了我的学校。见面时，她仍是笑意盈盈，她伸手拥抱了我，说道："好孩子。"这让我感受到了一个教育工作者的关怀与勉励。后来她告诉我妈妈："南宇一直在微笑。"而她不知道，是她的微笑，点燃了我的微笑，正是这样的微笑，开启了她对我高考小失误的分析和未来规划的点拨。经过陈老师的开导，我真正理解了我们中学校长的话："没有人因一次考试赢得所有，也没有人因一次考试输掉一生。"

之后，我抛开过去的一切，重整旗鼓准备强基考试，满怀信心地再次走向考场。三天后，当我志忐地进入招生网站，"恭喜你！你获得了北京大学2021年强基计划录取资格"一行字映入眼帘。在那一瞬间，无数个追梦北大的记忆绘就了心中北大的绚丽色彩：在北大西门前的匆匆一瞥，暑期学堂中与学长、同学的约定，刷题、备考的艰辛，老师的鼓励，父母的呵护，首考大捷的喜悦，物竞与高考失利的苦涩，强基结果的圆满……

终于，7月19日，翘盼已久的录取通知书翩然而至。热切而小心地启封包裹后，古朴的大学堂牌匾庄严在目。正如暑期学堂结业证书上的寄语所说：一旦佩上北大校徽，每个人顿时便具有被选择的庄严感。轻启录取通知书扉页，博雅塔边的湖光山色映入眼帘，"过去未去，未来已来"，能在燕园求知，给了我被选择的庄严。

回忆常常奇幻得不真实，但我真实地感到，三年持续的努力，注定功不唐捐。过去，我有些迷信"追风赶月莫停留"，却滑入了一个错误的极端，幸运的是受挫后，我坚守着"平芜尽处是春山"的意志，志之所趋，无远弗届，穷山距海，不能限也！

 TIPS：

❶ 此时来自周围的关注、我对自己的严格要求、填充得过满的时间表已悄悄改变了我的生活，虽然当时的自己没有察觉，但如此种种已经使我的心理产生了某种微妙的变化，客观上我是拒绝休息、负重前行的。因此在第二学期我的成绩发生了高中以来幅度最大的波动。通过努力，我在考前调整了自己的状态，但因为一些小失误，我没能在高考中取得自己预期的成绩。面对高考成绩，我有不甘，有懊恼，有自责。

❷ 经过陈老师的开导，我真正理解了我们中学校长的话："没有人因一次考试赢得所有，也没有人因一次考试输掉一生。"

30

我与我周旋久，宁作我

学生姓名：周怡君

录取院系：马克思主义学院

毕业中学：江苏省常州市溧阳中学

获奖情况：● 2021 年度常州市三好学生

对着新生征文的要求想了许久，我还是决定讲一讲多年以来与学业"相爱相杀"，一路摸爬滚打进入燕园的一点心得。这与我高考发挥得好还是不好并没有什么太大的关系，因为我知道，大学不是终点而是起点，只有前事不忘后事之师，不断总结适合自己的经验与方法，才能走向更远的远方。

或许是因为惯性，我忽然间想起了高三的寒假里两位往届考入北大的学姐回母校分享经验时的情形：PPT打开的那一瞬间，我的目光便被上面PKU的校徽水印深深吸引，我静静地、聚精会神地听着那一字一句，甚至还专门掏出笔记本试图记得久一点。我还能记得那天学姐们是一科一科地分享经验，她们讲得很走心，我记得也很用心，大概整整写满了两页B5纸。我之后在迷茫时也会翻开那日的笔记为自己找一找方向，但一直到现在，不借助任何提示就能让我清晰回忆起来的就只剩下四个字："我们北大"。

我早就把颐和园路5号的位置在地图上放大又缩小无数遍，并烂熟于心，早就知道从溧阳站坐高铁到北京南站最快只要3小时53分钟，也早就知道那1177千米的距离与别人相比更远也更难走，但是我也一直相信，没有比脚更长的路，没有比人更高的山。如果说在低谷时老师、同学、家人的鼓励是一种托举，那么那深深扎在我心里的"我们北大"便是我手握荆棘也要努力攀登接近的推动力。这是一种归属，更是一种骄傲，就像我一直以来用"我们"去称呼我的每一个母校。

现在，我也可以像学长学姐一样字正腔圆地说出"我们北大"。回头看看，一路走来，感慨良多。

在高考之前，我一直都是作为汲取经验者仔细聆听的，现在突然让我处在分享经验者的位置上，多多少少都有些不习惯，简单列出了几点，希望可以给大家一点启发。

我要谈的第一点，也是我最希望大家首先明白的，就是不要去复制任何人的经验，无论他有多么成功，抑或是他的方法论有多么简单，因为水晶鞋对于任何要割去脚趾勉强的人来说都是不合脚的。关于学习方法的笔记，我也曾在笔记本上专门划定出区域去记录，可是除了那些被我改进以后真正投入使用的方法，剩下的我再也没用过，也没有在我的脑海里留下更深的印象。

第二点呢，就是不要去妄想拥有第一次选择的第二次机会，而要更重视第二次机会的第一次选择。但每当我遇到遗憾冷静下来之后，我也会问自己：在这个选择被做出的时候，真的没有人告诉过我可能存在的遗憾吗？或者让现在的我回去劝阻正在做出选择的那个我，又能有什么改变吗？年轻人常常会被告诫"不听老人言，吃亏在眼前"，但那些有着"不撞南墙不回头"的勇气和决心的往往也是年轻人。我认为能够在选择面前坚定地顺从自己内心的声音，义无反顾地选择心中所想才叫青春无悔。

至于第三点，我觉得无论是处在哪个学习阶段，都要最大限度地利用好各类资料，关键在适用和可用。

先说"适用"。我们生活在这样一个高速运转的时代，指尖轻点，海量信息便扑面而来，互联网发展拓宽了我们信息获取的途径，再加上学校下发的各项资料习题，我们每个人都有可能成为"上知天文下知地理"的知识富翁，身旁也永远堆放着来不及看的材料。信息材料海洋带来的不仅是无法完成的压迫感，更是漫无目的的迷茫。我觉得，针对自己的知识漏洞或薄弱环节，查找专项知识点和训练版块，泛读并综合分析各份材料的优劣和适用度，选取最适合的一份精炼，再进行自己的总结归纳，是更为有效的提分途径。

再说"可用"。我也有过这样一个阶段，喜欢把各式各样的纸质资料按照序号理好、码齐，只去追求"全"，却不考虑"精"，终于看似整齐的资料落满了灰，时过境迁，松脆得无法再翻阅。现在看看，收集得再全如果不能够应用材料，那和拥有一堆四处散落的废纸没有任何区别。把资料内化成为自己的东西至关重要。比如我在高三时突然醒悟过来，察觉到语文作文素材太多，考前临时抱佛脚根本来不及，是时候把摘抄本做薄了。那些平时看到觉得很熟悉，考试却一个又一个被大脑精准屏蔽的长句素材被我用另一种形式整理下来，即"谁+做了什么+效果意义"，比如"张桂梅+创建华坪女高+托举大山女孩的梦想，改变乡村三代人的命运"，记住这些关键信息之后，在考场上填充润色一下就可以了，这样做减少了记忆量，也便于做到他山之石，可以攻玉。

最后我还有一点补充：无论是面临什么样的重大考验，一定要记得劳逸结合。高中学习压力大，任务重，一定要找到适合自己的放松方法，重视交流陪伴，也不误独处静思，比如去散散步、聊聊天。社交活动可以给我带来极大的快乐，所以我在约着好朋友一起去水房倒水时一定会"高谈阔论"，心里的话不吐不快，这也正是我一天中最放松的时刻。不知不觉间，我每天也可以有10千米左右的步行量，为高强度的学习打下更坚实的身体基础。同时我们也要提高整块时间和碎片时间的利用效率，这样才能让自己更加游刃有余。无论我们处在哪个学习阶段，课堂时间的把握都是非常重要的。让我感触最深的是高三时间看似紧张，计划排得密密麻麻，但再仔细想想就又可以匀出许多优质的可利用的碎片时间，比如排队等饭的时间。那时我专门准备了一本A7的口袋笔记本，上课或复习时遇到觉得需要重温的点就一一记下，分学科麻烦就一天记录一页，很快也就攒了许多，多次温故不知不觉间就记住了，可谓事半功倍。

"我与我周旋久，宁作我。"人生中每个选择与被选择，以及所走过的路，才成就了现在的自己。既然人生这条路我们只有走一次的机会，那么我想，走的过程比结果更重要。希望自己可以用有限的生命去追寻不设限的人生。

无论我们现在处于人生的哪一个阶段，面对着人生的哪一个里程碑，请记得，今天正是余生中最年轻的一天。"世界的边界才是你的边界，大胆探索人生的可能性。"祝诸位和我都能在接下来的旅途中发现自己更多的可能，绽放属于自己的精彩！

☼ TIPS：

❶ 我要谈的第一点，也是我最希望大家首先明白的，就是不要去复制任何人的经验，无论他有多么成功，抑或是他的方法论有多么简单，因为水晶鞋对于任何要割去脚趾勉强的人来说都是不合脚的。关于学习方法的笔记，我也曾在笔记本上专门划定出区域去记录，可是除了那些被我改进以后真正投入使用的方法，剩下的我再也没用过，也没有在我的脑海里留下更深的印象。

❷ 最后我还有一点补充：无论是面临什么样的重大考验，一定要记得劳逸结合。高中学习压力大，任务重，一定要找到适合自己的放松方法，重视交流陪伴，也不误独处静思，比如去散散步、聊聊天。

31

一路守候，静待花开

学生姓名： 吴宗翰

录取院系： 信息科学技术学院

毕业中学： 福建省厦门外国语学校

获奖情况：
- 第 38 届全国中学生物理奥林匹克竞赛（省级赛区）一等奖
- 全国中学生数学奥林匹克竞赛（预赛）三等奖
- 第 35 届全国中学生化学奥林匹克（初赛）三等奖

我出生在一个书香门第，爷爷、爸爸、姑姑、叔叔都是教师，虽然没有锦衣玉食，但是我的精神上很充实，生活很快乐。

18年前我以9.5斤的体重呱呱落地，惊动了整个妇产科，因为医院已经好几年没接生到如此肥胖的初生儿了，可谓是"一鸣惊人"。

童年时光转瞬即逝，脑海里仍留存着点滴记忆：拉电线是我的最爱，可能是遗传了父亲爱动手的能力，从小我就爱摆弄电器，家里大大小小的破旧电器都成了我的玩具，地板上铺满了我设计的电线线路，时常以串联电子琴、台灯、风扇、插座等为乐，爱整洁干净的爷爷在一旁溺爱地看着我，任我把家里搞得乱七八糟。每当进商场电器店里时，我都要把店里所有的电风扇全部打开才肯离开，现在想想真够任性，感谢市场里那些耐心有爱的工作人员。

我生活在海边，很小就跟着爸爸去海里泡水，咸涩的海水、海天一色的浩瀚，让我爱上了这片海域，盛夏时节，时常与爸爸来海边戏水、玩堆沙堡，后来爸爸就顺理成章地成了我的游泳启蒙老师，教我学会了"狗刨式"泳姿，广阔的大海为我增添了新的娱乐场所，给我的暑假生活画上了浓重的一笔。爸爸经常说这是他的亲子时光，的确，感谢这个"老小孩"的不离不弃和亲密陪伴。

在我的大家庭里，钢琴是必备的乐器，家里的每个孩子都必须会，但不求于精。在叔叔、姑姑这几个音乐老师的影响下，我感受到了琴韵带来的美妙，动起了学琴的念头。于是，在姑姑的带领下我走进了钢琴世界，但练琴时的枯燥只有真正经历过的人才会懂得。都说孩子学弹琴，考验的是家长，一向好脾气的妈妈都对我实施了"竹笋炒肉"，最后我还是做到了略识乐理懂琴音。每当家庭大聚会时，我总会与其他兄弟姐妹一起来点才艺展示助兴氛围，其乐融融，何乐而不为？

积木是我最钟情的玩具。在我4岁生日时，大姑送给我第一盒积木，从此我与积木结下了不解之缘。可能其他孩子梦想拥有一堆模型汽车玩具、兵器或乐高等，但我却喜欢静坐在家中摆弄那几盒不起眼的积木。任由我那小脑袋不停飞转，根据自己的思路搭建各式各样的建筑，比如搭桥梁、碉堡、多米诺骨牌、模拟轨道等，不停地搭建拆除，搭建拆除，不断地重复，再重复。在旁陪伴的爸妈看了都耐心尽失，而我却乐此不疲。我觉得我的耐性可能就是在那时候锻炼出来的。

学国际象棋让我走出了家门，棋盘上国王、皇后、小兵、骑士活灵活现，我与同学们一起切磋、互动。特别是国象中有一条规则很激励人心，叫"promoting"（"兵升变"）：当小兵一步一步走到底线，就可以变成皇后，我想这应该也是一种理念的传导，让我懂得了：The small one can become the big!（弱小的人只要经过努力也会变得强大）

我自小就很有主见，除了正常上下课外，不愿意接受其他教育机构的任何培训，如果说别的孩子是"圈养"，那我就是"放养"的。望子成龙的父母对我也是望而兴叹。

我的幼儿园生活很是不开心，天天都不想去上，由此我的父母为我能否顺利上小学提前焦虑了好多年。可没想到进入小学后，我很快就适应了。我喜欢写作业，喜欢做一些有思考性的题目，写作业给我带来了学习上的乐趣。小学升初中时，大部分同学都去测试外语报考厦门外国语学校，而我因为英语基础差放弃了这个机会，爸爸担心我的英语不好，尝试着给我辅导英语，假期把我拉到他办公室背英语课文，只是还没见到成效时，我就进入了学霸林立的集美中学初中部。

时光荏苒，一转眼到了高中，我接触了竞赛。厦门的"一双"除了化学和生物还有点家底，其他学科的能力到了全国的层面上，常被强省甩开几条街，而"厦外"一般只能当个配角。

时来运转，面对这样的局面，在少帅李建鹏老师的带领下，"物竞五人组"厚积薄发，硬生生地撕开了的口子突围，在几轮真枪实弹的搏杀后，最终收获了五个"省一"，一个国赛"银奖"，给我们带来了自信，为学校争得了光彩。当然成绩的取得，还得感谢各位有见识的参赛队员家长，从参与选择培训师资，到协同训练后勤补给，他们都尽心尽力、添砖加瓦。

知识融会贯通后，无师自通顺手牵羊，我拿下了"数学竞赛省三等奖""化学竞赛省三等奖"。

有人会问，高中参加竞赛遇到了哪些问题？是当其他同学在课堂上做功课的时候，你可能要在外面四处奔波，参加崭新知识体系的培训。一门物理学，涉及力、电、光、核等，繁多的内容本就令人胆寒，而竞赛培训时还要用高等数学作工具解题，很难想象我们消化如此高浓缩的知识来解决如此复杂的物理问题是多么不容易。

所幸几个竞赛生个个多才多艺，协同作战后还能忙里偷闲、苦中作乐，所以我在前进的路上并不孤独。反而是高考前家长看到孩子还在用激烈的电子游戏填充有限的休息时间时变得战战兢兢，如履薄冰。

总之，家庭和睦给家人带来温暖和幸福，有的孩子可能从小到大一路优秀到底，而我是只问耕耘，不问收获，一路守候，静待花开！

TIPS

有人会问，高中参加竞赛遇到了哪些问题？是当其他同学在课堂上做功课的时候，你可能要在外面四处奔波，参加崭新知识体系的培训。一门物理学，涉及力、电、光、核等，繁多的内容本就令人胆寒，而竞赛培训时还要用高等数学作工具解题，很难想象我们消化如此高浓缩的知识来解决如此复杂的物理问题是多么不容易。

32

梧桐叶

👨‍🎓 学生姓名：丁煜

🏫 录取院系：化学与分子工程学院

🏛 毕业中学：河南省郑州市第四高级中学

三年前，伴着黄绿色的梧桐叶，我踏入了高中校园。我的高中校园很小：三幢教学楼、200米的跑道，还有三株梧桐，仅此而已。初来乍到，确有一丝失落，但现在想来，那里却是最美的地方。

　　开学后不久便是军训。酷暑、暴晒、汗水、友谊，在那里，我和同学们玩得火热，也遇见了令我怦然心动的女孩。短暂又快乐的时光匆匆流逝，高中生活也正式开始。伴着对同龄高分学霸的仰望、对同学实力忐忑的猜测以及不自信，第一次月考来临了。出人意料，我考了年级第三。这突如其来的惊喜，让我的自信如同受惊的河豚一般膨胀，理智仿佛被挤到了外面。我的关注点开始转移，从书本、题册一跃而下到了那个灵动的短发女孩身上。课堂上，各种罗曼蒂克的情节向我奔驰而来，而我的周身也充斥着浓浓的荷尔蒙的味道。紧接着，第二次月考来了。年级第五，也还不错。当我窃以为自己可以一心多用时，却不知这是噩梦的开端。

　　以后的多次月考，我的成绩逐渐下滑，当排名一路跌到第57名时，我才如梦初醒。我方才回忆起初入校园时的雄心壮志，想到父母的殷殷期望，想到老师的谆谆教诲，想起各路学长学姐的前车之鉴。我再次发誓，只关注学习。下一次考试，我的排名再次进入前十。此后，我学会了低调。

忙中偷闲，应该是我高中生活中最大胆的尝试。最后两个月，我彻底放弃回寝室学习的念头，手中的《古文观止》也成了口中的八卦、闲聊。有人说你怎么不学习了，我一笑了之。或许就是这样的偷闲，才让我在整个高三时期身体健康，精力充沛。当我看到陆续有同学因为身体原因在家自学、请假，我才真正明白身体的确是"革命的本钱"。

高一高二并没有太大压力，就是按部就班、踏踏实实地完成任务，但我的语文成绩一直不太理想。直到高三开始，我的语文成绩还徘徊在100分左右。要知道我高考语文考了136分。意识到问题的严重性，从高二起我就开始提升语文成绩，但结果并不理想，准确地说是毫无进步。班主任不断地找我谈话，中心点只有一个：你语文没好好学。我怎么没好好学？我内心也十分气愤，无奈没有成绩，一切都是白搭。放弃？高二我始终没有放弃，但从高三开始就有些泄气了。幸运的是，经过语文老师的"狂轰滥炸"以及班主任苦口婆心的"唠叨"，我咬牙坚持了下去。高三下半学期，奇迹发生。我的语文成绩突然上涨，连我自己都很吃惊。后来，我知道是过去两年的积淀让我有了如今的成绩。这也让我明白，有些事在没出结果前可能一直平平无奇，但总有一天会厚积薄发。坚持的确就是胜利。

进入高三，时间一下子紧了起来。高三的下半学期，我濒临崩溃：每日生活的高度重复让我一时恍惚了今日与昨天。做不完的题，刷不完的卷，高刷新率的排名，高密度的师生谈话，还有如大山般的压力组成了我的高三。课间，我总是来到教室外的阳台上。看着梧桐的叶子从鲜绿到枯萎，时间也在不停流逝。冬日，惨白的太阳，零星的乌鸦，还有那光秃秃的树干。压抑，可能是最贴切的词语。

还是坚持。冬天总会过去，温暖的春天一定会如期到来。晨读，寒风让我足够清醒；午饭，为了节省时间，我冲刺般跑向食堂。高三，只剩下分数和不断减少的倒计时。看书的频率逐渐减少，但我的内心却不再焦虑，只有平静。我明白是我的终究是我的，只要做好自己就好。

临近高考，我似乎把一切都放下了。我开始认真地记录我的校园。

夏天悄然已至，梧桐叶子如同雏鸟的羽翼般逐渐丰满，经过雨水的冲洗，在阳光下闪耀。天，蓝得令人陶醉，丝丝白云漫不经心地划过，留下无数条细小的痕迹，就像石子落入池塘泛起的阵阵涟漪。阳光普照，金丝缕缕，温暖而不过火。三三两两的同学结伴而行，抱怨与期待，在此刻交织成了青春。夜晚，凉风习习，月色溶溶。难得的晴天，星空灿烂，紫红色的叠云在晚星中不停出现、消失。梧桐的叶子在路灯下斑驳如藻荇相交，教室里的灯光装点了这个独一无二的夜晚。闭上眼睛吧，去感受晚风拂过面庞，去聆听星星的低语、零落的篮球声、悠扬的钢琴曲，去记忆笔与纸拥抱的声音。200米的小操场，承载着太多希望。奔跑吧，让风带走疲惫，让追逐萌发激情。三年的时光倏忽已至终点，丝丝伤感模糊了我的视线……

回顾高中，虽满是遗憾，但未必没有收获。四中的校园让我学会低调，和语文的抗争让我学会坚持，紧张的高三生活让我体会到忙里偷闲的快乐，而那个夏天的风景，让我永远记住了这个美好、充满活力的青春。

☀ *TIPS*:

❶ 后来，我知道是过去两年的积淀让我有了如今的成绩。这也让我明白，有些事在没出结果前可能一直平平无奇，但总有一天会厚积薄发。

❷ 还是坚持。冬天总会过去，温暖的春天一定会如期到来。

33

心怀燕园梦，未来更可期

- 学生姓名：倪赫阳
- 录取院系：物理学院
- 毕业中学：辽宁省本溪市高级中学

"那座历史悠久的城市，那座开放包容的燕园，期待你的到来。"

"因为相信，所以看见。"

走过高中三年，我没想到的是，高一军训时写在计划本扉页上的两句话，无时无刻不牵动着我的心，它仿佛在提醒着我，冲吧，你的未来一定在燕园。

在我5岁时，妈妈写下了她所希望的我的人生规划。在理想大学那一栏清晰地写着：北京大学。那时懵懂的我自然无法预料考上北大应该经历什么，可是向往北大的种子已经深深地种在了我内心的土壤里。从小学到初中，我的学习之路顺风顺水，由于那时的我就已经具备较强的自省与自励能力，我可以不太费力地拿到我想要的成绩。多年来，考入北大的梦想从未在我心中消散，我始终固执地认为，我就是北大的一部分，我一定会考上北大。

到了高中，我来到了一个更大的平台：本溪市高级中学。当遇到很多比我更优秀的同学时，向来骄傲的我开始慌张，我无意中放低了姿态，仅仅取得了年级第40名的成绩。尽管如此，每次考试后的自我反思，在理想院校那一栏上，我都会坚定地写上"北京大学"。总有人看到我的理想投来质疑的眼光，可我每次都在心里默默回应：那里就是我要去，也必须去的地方。

经历了高一高二平凡而庸常的生活，我的兴奋劲逐渐被努力而得不到应有的回报所消磨殆尽。直到那年的5月，我幸运地得到了在北京大学与本溪高中的博雅人才共育基地授牌仪式上发言的机会。经过小组讨论与团队合作，我与其他五名同学制订了节目方案，确定了发言内容。在这次活动的筹备过程中，通过搜集各方资料，我清晰地感受到，北大的轮廓正在我心中一步步明晰。然而，同年7月，我以一名之差与北京大学暑期学堂失之交臂。我开始醒悟：北京大学的梦想离我不再遥远，如果我继续在高三浑浑噩噩，我下一次失去的不只是参加学堂的资格，更是步入北大的资格。从此，我开始了高三的"卷王"之路：我与数学老师约定，一定要拿到北大寒假学堂的名额。我可以在一天内利用课间时间跑进数学办公室五次，只是为了验证自己总结思路的正确性。暑假长达两个月的自习时间，我自愿放弃在家的午休时间，留在自习室解决并回顾上午出现的所有疑难点。为了答疑尽可能提升自己时间的利用率，我可以坐在答疑教室里，在嘈杂的环境中心无旁骛地解出每一道导数压轴题。后来回想起那段日子，很多朋友都说我好像永远不知疲倦，一直笑着用尽全力奔跑。我很感念那个暑假，我真正体会到了追赶他人与修正自我的乐趣。这无疑为我高三的飞跃打下了最坚实的基础。那时的我极度纯粹，我时常告诉自己，每学会一个知识点，我都离北大寒假学堂更近一步。后来，我如愿进入北大寒假学堂。

高三一整年，我的成绩一直领先，有恩师的谆谆教诲，有亲人的默默陪伴，我的心态非常平稳。当被问及"你为什么要考北大"这个问题时，我的回答是：为了成为一个更完整也更优秀的人，为了日日通勤的爸妈，为了我敬我爱的师长。可是高考成绩不尽如人意。我没能裸分考上北大。这是我万万没有想到的，我曾孤注一掷地认为我一定会裸分考上北大。我再次收起了高三积攒起的锐气，逐渐陷入旁窥与自证的漩涡。我每天把自己封锁在家里，和父母一起挑选其他院校与专业。可每次看到北大的图片，我心中都无可避免地响起一个声音：这才是你要去的地方。经过几天的自我否定与挣扎，我选择参加北大的强基计划。当我已经坚定了自己考北大的信念时，我顿时释然了。我明白了，之前让我不甘与沉沦的并非是不令人满意的高考成绩，而是差点放弃了从小到大始终坚定的考取北大的梦想。

当拿到北大的录取通知书时，我想一切的努力与奋斗都是值得的。我曾不止一次地在个人社交平台中写下"我心心念念的大学堂"的文字，并配以北大官网上"大学堂"的图片。录取通知书中的大学堂，纪念了我12年来充满挑战和超越的求学生涯，也将开启我包容而宽广的北大求学之路。

学弟学妹们，当你因暂时的困顿而放慢脚步时，请千万别放弃自己的心之所向。不妨像我一样，养一朵梦想，等待它发光！

高三时期的我对高考的定义是：对学生应试能力与学习习惯的直接考察。而现在作为准大一新生的我，也对高考有了更新也更深一层的理解。想要在高考拿到一个比较令人满意的成绩，拥有平稳的心态是必要条件。平稳心态的来源有很多，可以是自己无比强大且自信的内心，可以是家人的陪伴，也可以是恩师的教导。

感 念 家 人

"家人在哪，哪就是家。"高中三年的异乡求学之路，让我明白了这句话的含义。我不能否认高中的学习生活充满坎坷与挑战，可是家的确是我心灵休憩的最好港湾。为了让我尽快适应高中生活以及方便我的起居，我们家在高一时便选择在学校附近租房，爸妈需要每天通勤上班，单程大约一小时车程。这样的通勤生活，他们坚持了三年，无怨无悔。我一直十分佩服高中选择在学校住宿的同学，也十分感念一直以来默默支持我的爸妈和奶奶，他们的不计回报，无私付出，才是我能够获得平静心情的重要法宝。还记得高三每次大型考试之后，拖着疲惫的身躯回到家，等待我的不是父母的询问与批评，而是从家乡带来的美味。与其说是美食治愈了我，不如说是亲情治愈了我。极少时候，当我考试不如意时，他们也无法抑制自己的心情，小声地抱怨通勤之苦。可第二天早起等待我的还是丰盛的早餐，以及上学时在背后默默关注我的身影。

感 念 师 长

在求学的12年中，我遇到了很多优秀的老师，他们教学经验丰富，更能明白学生的心。还记得高考前夜，我的许多初中和小学老师都通过微信为我送来祝福，读着他们的文字，我心中感到前所未有的安定。在我的众多恩师中，我最喜欢的莫过于我的高中数学老师。很荣幸的是，他一直陪我走过高中三年的时光。还记得高一开学初，从小县城来到城市读书的我，总是怀着一种自卑的情感。我总是质疑自己答案的正确性，同时也害怕别人的眼光。那时默默无闻的我不会引来大多数老师的注意，数学老师在一次课堂上叫我起来回答问题。由于紧张，我声音发抖，音量也越来越小。老师马上意识到我的紧张，他走到我身边，用一种极温柔的声音告诉我：别害怕呀，大声说嘛。那是我上高中以来第一次感受到被关注和被认可，也极大地激发了我对数学老师的亲近感。高二时我的数学成绩在班级中游，那时数学课代表的岗位有空缺，大概是因为数学老师平时幽默的教学风格总给我一种莫名的亲切感吧，我第一次"斗胆"向老师申请课代表的职务。我还记得那时他眼中的惊讶与欣喜，也记得他那一声干脆的回答："好啊，就你了。"当课代表的生活虽然比之前更累，但也让我体会到承担责任与帮助他人的快乐。老师在我的高三时发挥了极重要的作用，我甚至曾经将他视为我的精神支柱。还记得高二升高三的那次考试，我的成绩大幅度下滑，那天晚饭后，他与我在办公室里聊天。他向我抛出一个问题：你来本溪高中的目的是什么？那时的我，虽然成绩不尽如人意，可却有一种莫名的自信。我回答说要考清华、北大，可是他的反应却出乎我的意料。他说考名校。我突然明白，他对我的成绩，对我的未来依然没有把握。就是这样真实的回答，把我拉回现实，也让我坚定地确认了自己的目标：我要考北大。那时的我正因为错失北大暑期学堂的机会而情绪低沉，而他并没有指责我过去的种种不努力，只是与我约定：一定要进入北大的寒假学堂。从此我一直将这个约定牢牢记在心里，燃起了无穷的斗志，并在高三的前几次考试中取得了十分耀眼的成绩。我们常常一起讨论问题，而有时候的我比较急躁，无法平心静气地说出自己的想法。他却丝毫不生气，总是耐心地倾听。现在回想往日的时光，我的老师，亦师亦友亦父。感谢他让我的高中三年永不沮丧，积极向上。"我们不做星星，要做就做太阳""人生为一大事来，山登绝顶我为峰"，他的话就像灯塔，永远照亮我前行的道路。

　　还有不到一个月，我将前往心心念念的大学堂。在这里我希望自己能成为一个温柔而坚定、浪漫而实际的北大人，脚踏实地，一路生花。

TIPS：

❶ 后来回想起那段日子，很多朋友都说我好像永远不知疲倦，

一直笑着用尽全力奔跑。我很感念那个暑假，我真正体会到了追赶他人与修正自我的乐趣。这无疑为我高三的飞跃打下了最坚实的基础。那时的我极度纯粹，我时常告诉自己，每学会一个知识点，我都离北大寒假学堂更近一步。后来，我如愿进入北大寒假学堂。

❷ 想要在高考拿到一个比较令人满意的成绩，拥有平稳的心态是必要条件。平稳心态的来源有很多，可以是自己无比强大且自信的内心，可以是家人的陪伴，也可以是恩师的教导。

"梦想北大丛书"简介

"梦想北大丛书"是北京大学招生办公室从考取北大的新生及新生家长的应征稿件中精选的佳作，书中的文章讲述了学生学习成长以及家长教育孩子的故事，主要内容包括：真实而全面的成功求学经验、学习方法改善、备考经验指南、竞赛备战方法、负面情绪调节、成长经验分享等，为广大中学生及其家长提供了学习和教育方面可供借鉴的案例。为了保证本套丛书的质量和水平，北大招生办公室组建了丛书编委会，由校领导、北大知名教授、考试专家、招生专家、招办领导等组成。丛书由北大招生办公室组织编写，北大招生办公室主任担任主编。

经过多年的出版和发行，这套丛书已经在全国基础教育领域有广泛的影响，受到很多学生和家长的欢迎。《中国教育报》、新华网、人民网、新浪网、腾讯网、中国教育新闻网等媒体都多次报道过这套丛书，全国各地媒体还发布了大量书讯、书评和内容连载。围绕本套丛书开展的系列分享讲座在全国各地中学成功举办，取得了良好的社会效果和广泛影响。

扫码了解丛书详情

扫码了解本系列更多图书